ON MANGE QUOI CE SOIR ?

Pour mes enfants Alice, Pierre, Nico,

parce que ce livre est aussi indispensable dans la vie que le baccalauréat – on peut faire sans, mais c'est bien mieux avec !

Conception graphique : la tête moderne

Fonds de matière : **Alice Asset-Guerrand**

Connectez-vous sur : **www.lamartinieregroupe.com**

ISBN : 978-2-7324-4633-2

SYLVIA GABET

ON MANGE QUOI CE SOIR ?

PHOTOGRAPHIES : PHILIPPE ASSET
STYLISME : ALICE ASSET-GUERRAND

Éditions
de La Martinière

POUR QUE LES SOIRS DE SEMAINE SOIENT UNE FÊTE ET PLUS JAMAIS UNE PRISE DE TÊTE !

J'aime les soirs de semaine, et pourtant je déteste ce qui est routinier et monotone ! Mais j'aime la vie quotidienne, et j'aime surtout les petits plus qui la rendent attrayante et belle. Les événements extraordinaires, les fêtes, les vacances, tout le monde en rêve. Mais passer son temps à les attendre, non merci ! Moi, je veux tout, et tout de suite : m'amuser en dehors du premier de l'an, faire de mon quotidien une fête !
Et la cuisine de tous les jours peut y contribuer grandement. À certaines conditions : qu'elle soit simple et ludique, équilibrée et généreuse, minute et instinctive. Les 80 recettes que je vous propose répondent toutes à ces critères sévères… pour n'avoir plus que le bonheur de cuisiner !

Il y a douze ans, quand je suis allée chercher Yves Camdeborde et ses copains chefs pour écrire le best-seller *Qu'est-ce qu'on mange ce soir ?*, j'avais dans l'idée que la solution pour la cuisine des soirs de semaine résidait dans l'organisation à l'avance. Je pense toujours que c'est une bonne solution, surtout vu la qualité des astuces qu'ils m'ont apprises. Mais savoir répondre du tac au tac au casse-tête du dîner avec des recettes étudiées pour, c'est ce qui nous manquait. Et pour peu qu'on arrive à combiner les deux : s'organiser un peu à l'avance pour se mettre en place avant le repas (en préparant les ingrédients à peser par exemple) et cuisiner minute au dernier moment afin de n'avoir plus que le plaisir de cuire et d'assembler… quel temps gagné… et quel plaisir décuplé ! C'est ce que je vous propose avec ce livre.

Vivement ce soir !

SOMMAIRE

PAR ICI LA BONNE SOUPE !

Le soir, quel bonheur de se partager une soupe en famille, entre amis ou à deux : c'est bon pour la santé, bon tout court, et il se peut même que la soupe devienne, sans en avoir l'air, un plat complet !

GASPACHO RAPIDO

Ingrédients
Pour 4 personnes

- 6 tomates
- 1 gousse d'ail
- 1 oignon nouveau
- 1 poivron de la couleur de votre choix
- 1 concombre
- 2 cuil. à soupe de vinaigre de xérès
- 1 filet d'huile d'olive
- sel
- poivre

Ustensile
1 mixer ou 1 blender

Pelez l'ail et ôtez le germe. Épluchez le concombre. Épépinez le poivron.

Coupez tous les légumes en morceaux et mixez jusqu'à l'obtention d'un velouté.

Ajoutez sel, poivre, vinaigre et huile et réservez au frais au moins 2 heures.

Le grain de sel de Sylvia
Accompagnez de tartines de tapenade, d'œufs durs hachés, de dés de tomate, de lardons, d'anchois, de chorizo, de graines diverses... En Andalousie, tout est bon à ajouter dans le gaspacho !
Si vous n'avez pas le temps de réfrigérer, mixez les légumes (préalablement stockés au réfrigérateur) avec quelques glaçons.

Préparation
15
minutes
Cuisson
0
minute !
Réfrigération
2
heures

POTAGE POULETTE DE MOULES AUX CHAMPIGNONS ET AU CURRY

Ingrédients
Pour 4 personnes

- 1 l de moules de bouchot grattées
- 8 gros champignons de Paris
- 1 oignon
- 25 g de beurre
- 1 cuil. à café de curry
- 1 cube de bouillon de votre choix
- 10 cl de crème fraîche (ou de lait de coco)
- croûtons
- sel
- poivre

Ustensile
1 casserole

Pelez l'oignon et hachez-le. Rincez rapidement les champignons sous l'eau froide.

Dans une casserole, faites suer l'oignon dans le beurre. Ajoutez le curry puis les champignons coupés en lamelles.

Quand ils sont dorés, ajoutez les moules et couvrez avec un couvercle pour les faire ouvrir. Si vous avez un peu de temps, décoquillez une moule sur deux.

Ajoutez 50 cl d'eau chaude, le cube de bouillon et la crème fraîche. Donnez un tour d'ébullition. Salez, poivrez et servez accompagné de croûtons.

Le grain de sel de Sylvia
À la place du curry, on peut mettre du safran. C'est Rodolphe Paquin, du *Repaire de Cartouche*, à Paris, qui m'a appris cette recette. C'est express et délicieux ! Et puis, on peut manger avec les doigts !

Préparation
15
minutes

Cuisson
15
minutes

SOUPALOGNON Y CROUTON

Ingrédients
Pour 4 personnes
- 4 oignons
- 1 gousse d'ail
- 40 g de beurre
- 4 tranches de pain de la taille des bols de soupe
- 150 g de gruyère râpé
- 10 cl de vin blanc
- 2 cubes de bouillon de votre choix
- sel
- poivre

Ustensiles
- 1 casserole
- le gril du four
- 1 mixer (facultatif)

Pelez l'ail et ôtez le germe. Pelez les oignons et émincez-les.

Dans une casserole, faites revenir l'ail et les oignons au beurre jusqu'à coloration. Ajoutez le vin blanc, 1 l d'eau chaude et les cubes de bouillon et laissez mijoter pendant 25 minutes. Salez, poivrez.

Pendant ce temps, faites griller le pain au four, puis saupoudrez de gruyère râpé et faites colorer.

Mixez la soupe (ou non), versez dans des bols, et déposez la « galette » de pain au fromage par-dessus.

Le grain de sel de Sylvia
Cette version évite de faire tremper complètement le pain et le fromage dans la soupe, et conserve ainsi un côté croquant et moelleux à la fois. Mais si on veut, on peut adopter la version « trempouille », comme disait mon fiston, en déposant tout simplement du pain et du gruyère au fond des bols.

Préparation
15
minutes
Cuisson
30
minutes

SOUPE COMPLÈTE AUX LÉGUMES, CREVETTES ET VERMICELLES À LA THAÏE

Ingrédients
Pour 4 personnes
- 1 tomate
- 1 courgette
- 1 poivron de la couleur de votre choix
- 4 gros champignons de Paris
- 1 noix de gingembre
- 1 gousse d'ail
- 2 tiges de citronnelle
- 200 g de grosses crevettes crues décortiquées (12 pièces)
- 1 cuil. à café de curry
- 50 cl de lait de coco
- 1 cuil. à soupe d'huile d'olive
- 125 g de vermicelles de riz
- sel
- poivre

Facultatif mais délicieux :
4 feuilles de mélisse, lime keffir, basilic thaï, basilic ou menthe

Ustensiles
- 1 wok* ou 1 grande casserole
- 1 grand bol
- 1 passoire (facultatif)

Coupez le gingembre et l'ail pelés en lamelles et la citronnelle en rondelles.

Chauffez un wok ou une grande casserole avec l'huile d'olive et faites revenir le gingembre, l'ail et la citronnelle puis les légumes coupés en cubes directement au-dessus du récipient. Salez, poivrez.

Quand les légumes sont dorés, ajoutez le curry et le lait de coco et complétez avec 50 cl d'eau chaude. Mélangez et laissez mijoter pendant 20 minutes sur feu doux, à moitié couvert.

Faites tremper les vermicelles selon les indications du fabricant dans un bol d'eau tiède. Égouttez-les (dans une passoire ou à la main) et ajoutez-les dans la soupe pour 3 minutes. Ajoutez les crevettes et faites cuire jusqu'à ce que les crevettes soient roses (3 minutes environ).

Versez la soupe dans les bols. Garnissez éventuellement avec l'herbette ciselée.

Le grain de sel de Sylvia
Une soupe thaïe simple et rapide, avec des ingrédients faciles à trouver partout. À la place des crevettes, on peut mettre des lamelles de bœuf, ça marche aussi.

Ma gigastuce
On coupe les légumes directement au-dessus de l'ustensile de cuisson, alors que la cuisson a déjà commencé, et on gagne du temps !

* Pour plus de recettes au wok, se reporter à *Wok à tout faire*, Éditions de La Martinière, du même auteur : 60 plats complets au wok pour tous les jours.

Préparation 15 minutes | Cuisson 30 minutes

SOUPE D'HIVER AUX LENTILLES CORAIL

Ingrédients
Pour 4 personnes
- 250 g de lentilles corail
- 1 oignon
- 1 gousse d'ail
- 1 noix de gingembre
- 1 carotte
- 1 boîte de 240 g de tomates pelées
- 1 cuil. à café de cumin ou de curry ou de curcuma ou un mélange des trois
- 12,5 cl de lait de coco
- 1 cuil. à soupe d'huile d'olive
- sel
- poivre

Ustensiles
- 1 grande casserole
- 1 mixer (facultatif)

Pelez l'ail, ôtez le germe et coupez-le en lamelles. Pelez l'oignon et le gingembre, émincez-les. Pelez la carotte et coupez-la en rondelles.

Faites chauffer l'huile d'olive dans une grande casserole et faites revenir l'oignon, l'ail et le gingembre.

Ajoutez l'épice choisie puis les lentilles, la carotte et les tomates. Mouillez avec 75 cl d'eau chaude et portez à ébullition. Baissez le feu et laissez cuire pendant 25 minutes.

Ajoutez le lait de coco, salez, poivrez et montez le feu pour reprendre l'ébullition. Mixez ou pas selon votre goût et servez sans attendre.

Le grain de sel de Sylvia
Déposez sur cette soupe pleine de vitamines des œufs de saumon ou des lamelles de saumon fumé ou de viande des Grisons ou de jambon ou de lard grillé pour faire un plat complet. Le lait de coco peut être remplacé par du yaourt ou de la crème fraîche et du coup les lentilles corail peuvent être remplacées par des lentilles vertes ou des pois cassés.

Préparation 15 minutes

Cuisson 30 minutes

Soupe multi-légumes d'hiver ou d'été

Ingrédients
Pour 4 personnes
- 1 kg de légumes de saison (hiver : chou, carottes, céleri-rave, potiron, navets, poireaux ; été : courgettes, tomates, haricots verts, haricots coco, céleri-branche, navets nouveaux, oignons)
- 1 petite tranche de lard ou 1 petit morceau de bœuf à bouillir (facultatif)
- sel
- poivre

Ustensiles
- 1 grande casserole
- 1 mixer

Pelez si besoin et coupez les légumes en morceaux de même taille.

Versez dans une casserole 1 l d'eau chaude, le morceau de viande choisi, salez et poivrez.

À ébullition, ajoutez les légumes en morceaux et laissez cuire à feu fort pendant 20 à 25 minutes.

Quand les légumes sont tendres (vérifiez avec la pointe d'un couteau), retirez le morceau de viande et jetez-le (il n'était là que pour donner du goût) puis mixez finement.

Le grain de sel de Sylvia
Ces soupes revigorantes sont différentes selon la proportion de chaque légume. Chacun peut ajouter au moment de se servir 1 cuillerée à café de crème fraîche ou de mascarpone, ou de pistou, de gruyère râpé… et des toasts de coppa, chorizo, jambon de Parme…

Ma gigastuce
Pour velouter une soupe multi-légumes, j'ajoute 1 demi-concombre ou 1 pomme de terre ou 1 avocat (pour l'avocat, c'est au dernier moment, sans qu'il cuise). Et pour aciduler et alléger : 1 pomme au milieu des légumes !

Préparation
15
minutes
Cuisson
25
minutes

PASTA 12 MINUTI !

Des recettes de pasta « sauce 12 minuti » (prononcer « doditchi minouti ! ») : la confection de la sauce prend juste le temps de la cuisson des pâtes.

PÂTES AU CITRON, BASILIC ET MOZZARELLA

Ingrédients
Pour 4 personnes
- 400 g de pâtes
- 1 citron
- 1 belle branche de basilic
- 1 boule de mozzarella de bufflonne (150 g)
- 1 cuil. à soupe d'huile d'olive
- quelques olives noires
- parmesan (facultatif)
- gros sel
- poivre

Ustensiles
- 1 grande casserole
- 1 égouttoir
- 1 poêle
- 1 zesteur

Portez à ébullition une grande quantité d'eau dans votre plus grande casserole.

Prélevez le zeste du citron et ciselez le basilic.

Salez l'eau au gros sel. Plongez les pâtes dans l'eau bouillante et faites-les cuire le temps indiqué par le fabricant.

Pendant ce temps, faites fondre à la poêle la boule de mozzarella coupée en morceaux dans l'huile d'olive avec le zeste de citron et le basilic. Poivrez.

Égouttez les pâtes dans un égouttoir. Versez-les dans le saladier de service avec le contenu de la poêle et quelques olives noires. Mélangez et servez aussitôt, avec ou sans parmesan.

Le grain de sel de Sylvia
On peut remplacer le citron par des tomates cerise : ça plaît davantage aux enfants ! Et la mozzarella par de la ricotta.

Préparation	Cuisson
12 minutes	12 minutes

PÂTES AU SAUMON FRAIS ET ÉPINARDS

Ingrédients
Pour 4 personnes
- 400 g de pâtes
- 2 portions de saumon frais (300 g)
- 300 g d'épinards hachés surgelés
- 20 cl de crème liquide légère ou de ricotta
- amandes effilées ou pignons (facultatif)
- parmesan (facultatif)
- gros sel
- sel fin
- poivre

Ustensiles
- 1 grande casserole
- 1 égouttoir
- 1 poêle

Portez à ébullition une grande quantité d'eau dans votre plus grande casserole.

Salez l'eau au gros sel. Plongez les pâtes dans l'eau bouillante et faites-les cuire le temps indiqué par le fabricant.

Pendant ce temps, coupez le saumon frais en lamelles que vous déposez au fond du plat de service des pâtes, assaisonnez.

Faites cuire les épinards hachés surgelés avec un peu d'eau salée pendant 5 à 6 minutes dans la poêle. Ajoutez la crème ou la ricotta, salez et poivrez.

Égouttez les pâtes dans un égouttoir. Versez-les dans le saladier de service : leur seule chaleur va cuire le saumon juste comme il faut. Ajoutez le contenu de la poêle. Mélangez délicatement et servez aussitôt, avec ou sans amandes effilées et parmesan en copeaux.

Le grain de sel de Sylvia
L'astuce de cuire le saumon uniquement avec la chaleur des pâtes permet de gagner du temps et d'obtenir un degré de cuisson juste : que demander de plus !

Préparation 12 minutes

Cuisson 12 minutes

PÂTES AU THON À L'HUILE, TOMATES FRAÎCHES ET OLIVES

Ingrédients
Pour 4 personnes
- 400 g de pâtes
- 2 gousses d'ail
- 1 tige de céleri-branche
- 4 tomates
- 2 boîtes de 115 g de thon à l'huile (ventrèche de thon si possible)
- 8 olives noires
- persil ou basilic
- parmesan (facultatif)
- gros sel
- poivre

Ustensiles
- 1 grande casserole
- 1 égouttoir
- 1 poêle

Portez à ébullition une grande quantité d'eau dans votre plus grande casserole.

Égouttez le thon, en conservant 1 cuillerée à soupe de son huile.

Salez l'eau au gros sel. Plongez les pâtes dans l'eau bouillante et faites-les cuire le temps indiqué par le fabricant.

Pendant ce temps, faites dorer à la poêle dans l'huile du thon les gousses d'ail pelées et coupées en lamelles, la tige de céleri coupée en rondelles et les tomates coupées en dés. Assaisonnez. Ajoutez le thon et 3 cuillerées à soupe d'eau de cuisson des pâtes.

Égouttez les pâtes dans un égouttoir. Versez-les dans le saladier de service avec le contenu de la poêle, les olives noires et l'herbette ciselée. Mélangez et servez aussitôt, avec ou sans parmesan.

Le grain de sel de Sylvia
On peut remplacer le céleri par un poivron pour accentuer le côté basque de ce plat.

Préparation 12 minutes

Cuisson 12 minutes

PÂTES CHIPO & BROCO

Ingrédients
Pour 4 personnes
- 400 g de brocoli
- 4 gousses d'ail
- 250 g de chipolatas
- 400 g de pâtes
- 50 g de parmesan
- 50 g de chapelure
- 1 cuil. à soupe d'huile d'olive
- gros sel
- poivre

Ustensiles
- 1 grande casserole
- 1 écumoire
- 1 égouttoir
- 1 poêle

Portez à ébullition une grande quantité d'eau dans votre plus grande casserole.

Détachez les bouquets de brocoli. Pelez et ôtez le germe des gousses d'ail puis émincez-les.

Salez l'eau au gros sel. Versez les bouquets de brocoli dans l'eau des pâtes et faites-les cuire pendant 3 minutes, puis repêchez-les à l'aide d'une écumoire et plongez-les dans l'eau froide pour qu'ils gardent leur belle couleur.

Plongez les pâtes dans l'eau bouillante et faites-les cuire le temps indiqué par le fabricant.

Pendant ce temps, faites revenir à la poêle dans l'huile d'olive les lamelles d'ail et les chipos coupées en morceaux (ou la chair seulement). Poivrez.

Égouttez les pâtes dans un égouttoir. Versez-les dans le saladier de service avec le contenu de la poêle, le brocoli, la chapelure et le parmesan. Mélangez et servez aussitôt.

Le grain de sel de Sylvia
On peut remplacer le brocoli par des courgettes ou les pointes d'une botte d'asperges vertes.

Ma gigastuce
Une marmite à pâtes avec égouttoir intégré permet aux enfants de réaliser ces recettes de pâtes sans risquer de se brûler !

Préparation
12
minutes
Cuisson
12
minutes

PÂTES MARGARITA AVEC SUPPLÉMENT LARDONS

Ingrédients
Pour 4 personnes
- 400 g de pâtes
- 125 g de lardons
- 8 champignons de Paris
- 250 g de tomates cerise
- 1 boule de mozzarella (150 g)
- 1 branche de basilic
- 50 g de parmesan
- gros sel
- poivre

Ustensiles
- 1 grande casserole
- 1 égouttoir
- 1 poêle

Portez à ébullition une grande quantité d'eau dans votre plus grande casserole.

Salez l'eau au gros sel. Plongez les pâtes dans l'eau bouillante et faites-les cuire le temps indiqué par le fabricant.

Pendant ce temps, faites revenir les lardons à sec dans la poêle puis ajoutez les champignons de Paris émincés et enfin les tomates cerise coupées en deux. Ajoutez la boule de mozzarella coupée en petits dés, poivrez.

Égouttez les pâtes dans un égouttoir. Versez-les dans le saladier de service avec le contenu de la poêle, le basilic ciselé et le parmesan. Mélangez et servez aussitôt.

Le grain de sel de Sylvia
Des pâtes comme une pizza : ça plaît aux petits… et aux grands !

Préparation 12 minutes

Cuisson 12 minutes

PLATS COMPLETS « 2 EN 1 »

Protéines et accompagnement en même temps, on n'a pas quatre mains pour préparer deux plats différents, alors on gagne du temps en préparant un plat « 2 en 1 », et toujours avec le plein de légumes verts !

À BASE DE POISSON

WOKY DE CREVETTES EXPRESS AUX COURGETTES, RIZ « BASMATICOCO »

Ingrédients
Pour 4 personnes
- 500 g de queues de crevettes crues décortiquées tail-on congelées
- 1 oignon
- 1 gousse d'ail
- 3 courgettes
- 2 cuil. à soupe de sauce soja
- 2 cuil. à soupe d'huile de sésame
- 2 cuil. à soupe d'huile d'olive
- sel
- poivre

Riz « basmaticoco »
- 250 g de riz basmati
- 25 cl de lait de coco
- 50 g de raisins secs

Ustensiles
- 1 wok* ou 1 sauteuse
- 1 casserole
- 1 bol

Préparez le riz « basmaticoco » : réhydratez les raisins dans un bol d'eau chaude. Faites bouillir le lait de coco et autant d'eau (servez-vous de la briquette de lait de coco comme mesureur). Versez le riz en pluie et laissez cuire 12 minutes en ajoutant éventuellement un peu d'eau si besoin. Salez. Juste avant de servir, ajoutez les raisins réhydratés.

Pelez et émincez l'oignon et l'ail et faites-les revenir dans le wok avec l'huile d'olive. Ajoutez les courgettes juste lavées et coupées en bâtonnets. Salez, poivrez, remuez et laissez cuire pendant 10 minutes.

Ajoutez les crevettes. Quand elles commencent à rosir, ajoutez la sauce soja et l'huile de sésame.

Servez le riz aux raisins d'un côté, le woky de l'autre.

Le grain de sel de Sylvia
On peut varier ce « riz-poiss » en s'inspirant de celui que réalise mon amie Corinne du Cameroun : ajoutez dans le wok 1 ou 2 cuillerées à soupe de curry et 10 cl de lait de coco ou de crème liquide, c'est bon aussi, et c'est toute la richesse du mélange des cultures !

* Pour plus de recettes au wok, se reporter à *Wok à tout faire*, Éditions de La Martinière, du même auteur : 60 plats complets au wok pour tous les jours.

Préparation
10
minutes
Cuisson
15
minutes

HADDOCK EN FAUX PARMENTIER, ÉPINARDS À LA CRÈME

Ingrédients
Pour 4 personnes
- 600 g de filets de haddock
- 500 g d'épinards frais triés
- 4 pommes de terre
- 1 gousse d'ail
- 25 cl de lait
- 10 cl de crème liquide
- sel
- poivre

Ustensiles
- 2 casseroles
- 1 sauteuse
- 1 écraseur de pommes de terre

La veille, mettez le haddock à dessaler une nuit dans de l'eau froide.

Le jour même, pelez les pommes de terre, coupez-les en quatre et faites-les cuire dans de l'eau bouillante salée pendant 15 minutes.

Égouttez le haddock et pochez-le dans le lait frémissant 3 minutes, pas plus.

Tombez les épinards dans la sauteuse avec la crème et la gousse d'ail coupée en quatre, et laissez cuire pendant 5 minutes à feu fort.

Écrasez les pommes de terre à l'écraseur de pommes de terre, poivrez bien et servez le tout ensemble.

Le grain de sel de Sylvia
Le petit goût fumé du poisson s'accommode bien en « faux Parmentier » : pas besoin de hacher le haddock, mille sabords, sa chair en pétales est si délicieuse telle quelle ! Et puis ça va plus vite !

Préparation la veille
2 minutes
Préparation le jour même
10 minutes
Cuisson
15 minutes

PAVÉS DE LOTTE AU LARD PAYSAN, TOMATES CONFITES, GRENAILLES EN CHEMISE ET SALADE AUX NOIX

Ingrédients
Pour 4 personnes
- 8 tronçons de lotte (500 g au total)
- 8 feuilles de sauge
- 16 tranches de lard fumé
- huile d'olive
- 4 grappes de tomates cerise
- 500 g de pommes de terre grenailles
- 1 salade verte
- vinaigrette à l'huile de noix
- quelques noix
- sel
- poivre

Ustensiles
- 1 plat allant au four
- 1 casserole
- 1 saladier

Posez une feuille de sauge sur chaque tronçon de lotte, et bardez-les d'une ou deux tranches de lard fumé se recouvrant à demi.

Recourbez les tranches de lard sous les tronçons, disposez les grappes de tomates cerise entre les pavés de lotte, arrosez le tout d'un trait d'huile d'olive, poivrez et faites cuire au four préchauffé à 210 °C (th. 7) pendant 15 minutes.

Faites cuire les pommes de terre juste lavées et non pelées à l'eau bouillante salée pendant 15 minutes.

Préparez la salade à la vinaigrette à l'huile de noix, dressez la salade avec les noix et servez le tout ensemble.

Le grain de sel de Sylvia
Un succulent mariage de goûts et un plat de roi qui pourrait presque se servir aussi les jours de gala !

Préparation
10
minutes
Cuisson
15
minutes

Filets de cabillaud aux légumes minceur en papillote

Ingrédients
Pour 4 personnes
- 4 portions de filet de cabillaud, julienne ou sabre (500 g au total)
- 2 carottes
- 1 petite tête de brocoli
- 3 oignons nouveaux avec leur tige
- 300 g de champignons de Paris
- 1 citron
- 4 cuil. à café d'huile d'olive
- 1 bouquet de coriandre
- sel
- poivre

Ustensiles
- la plaque du four
- papier d'aluminium
- 1 presse-citron
- 1 zesteur

Pelez les carottes, coupez-les en fins bâtonnets ou rondelles. Coupez le brocoli en lamelles. Lavez les champignons et découpez-les en rondelles fines, émincez les oignons et leur tige.

Mélangez l'ensemble des légumes et disposez-les sur quatre grands carrés de papier d'aluminium. Posez les filets de poisson par-dessus, répartissez le zeste et le jus du citron, arrosez d'huile d'olive, salez et poivrez. Refermez les papillotes, disposez-les sur la plaque du four et enfournez à four préchauffé à 180 °C (th. 6) pour 15 à 20 minutes.

Effeuillez la coriandre, ciselez-la et parsemez-en les papillotes à l'ouverture.

Le grain de sel de Sylvia
Un succulent plat « light » que l'on peut compléter par une petite graine de semoule express (prête en 2 minutes) ou par du quinoa (15 minutes de cuisson) ou par une vinaigrette grenobloise : au lieu de mettre du citron et de la coriandre dans la papillote, on fait une petite sauce à part : 1 citron pelé à vif + 1 cuil. à soupe de câpres + 1 cuil. à soupe de coriandre ciselée + sel + 3 cuil. à soupe de vinaigre balsamique + 6 cuil. à soupe d'huile d'olive.

Préparation
10
minutes
Cuisson
15
minutes

WATERZOÏ BELGO-THAÏ « DÉTOX »

Ingrédients
Pour 4 personnes
- 500 g de cabillaud ou autre poisson blanc (julienne…)
- 2 fûts de poireaux
- 4 carottes
- 2 courgettes
- 1 gousse d'ail
- 1 pomme de terre
- 1 noix de gingembre (facultatif)
- le jus de 2 citrons verts
- 1 bouquet de coriandre
- 2 cuil. à soupe de crème légère
- 2 cuil. à soupe de sauce soja
- sel
- poivre

Ustensiles
- 1 casserole
- 1 presse-citron

Coupez les fûts de poireaux, les carottes pelées et les courgettes juste lavées en rondelles de même taille. Pelez la gousse d'ail, écrasez-la avec la lame d'un couteau, pelez la pomme de terre et coupez-la en lamelles. Pelez et râpez la noix de gingembre.

Disposez tous les légumes dans la casserole. Ajoutez 1 l d'eau et portez à ébullition avec un peu de sel et de poivre. Laissez cuire pendant 15 minutes.

Pochez le poisson coupé en quatre tronçons dans le bouillon pendant 4 à 5 minutes, pas plus. Servez dans des assiettes creuses. Parsemez de coriandre effeuillée et arrosez de jus de citron vert. Chacun ajoute selon son goût de la crème et de la sauce soja.

Le grain de sel de Sylvia
Un plat détox et diététique, il manque juste un petit fruit et demain on recommence le sport !

Préparation
10
minutes
Cuisson
15
minutes

TRUITE SAUMONÉE EN VAPEUR D'ÉPICES AUX LENTILLES CORAIL

Ingrédients
Pour 4 personnes
- 4 filets de truite saumonée ou 4 pavés de cabillaud (500 g au total)
- 250 g de lentilles corail
- 4 pointes de curry
- 4 pointes de cumin
- 4 pointes de curcuma
- 1 capsule de safran
- 4 cuil. à soupe de vinaigrette
- 16 tomates cerise
- 1 botte de ciboulette
- 1 cuil. à soupe d'huile d'olive
- sel
- poivre

Ustensiles
- 1 casserole
- 1 sauteuse avec couvercle ou 1 cuit-vapeur
- 1 saladier

Faites cuire les lentilles corail dans 1,5 l d'eau froide 8 à 10 minutes maximum : elles doivent rester souples sous le doigt. Égouttez, salez et gardez tiède.

Rincez les morceaux de poisson, salez et poivrez. Huilez la sauteuse, disposez les truites côté peau dessous et versez un petit verre d'eau entre les poissons (ou bien disposez-les dans le panier du cuit-vapeur).

Répartissez les épices sur la chair des poissons. Couvrez la sauteuse (ou le cuit-vapeur) et faites cuire 3 à 5 minutes selon l'épaisseur des filets.

Versez la vinaigrette sur les lentilles tièdes, ajoutez les tomates cerise coupées en deux et parsemez de ciboulette ciselée. Servez le poisson sans le retourner et les lentilles ensemble.

Le grain de sel de Sylvia
Un plat diététique et coloré ! On peut compléter par une salade de pousses d'épinards en été et d'endives en hiver.

Ma gigastuce
Utilisez une sauteuse avec couvercle en guise de cuit-vapeur : versez un verre d'eau dans la sauteuse pour faire de la vapeur, ça marche tout aussi bien et ça n'encombre pas la batterie de cuisine !

Préparation 10 minutes

Cuisson 15 minutes

SARDINES FRAÎCHES À LA GREMOLATA, ÉCRASÉE DE POMMES DE TERRE AU CÉLERI

Ingrédients
Pour 4 personnes
- 16 sardines ouvertes en portefeuille
- 1 citron
- 1 orange
- 2 gousses d'ail
- 1 petit bouquet de persil
- 50 g de pignons de pin
- 3 cuil. à soupe d'huile d'olive
- 1 brin de romarin
- 4 pommes de terre
- 1/2 céleri-rave
- fleur de sel
- gros sel
- poivre

Ustensiles
- 1 économe
- 1 plat allant au four
- 1 casserole
- 1 petit mixer
- 1 écraseur de pommes de terre

Faites cuire les pommes de terre pelées et coupées en quatre et le céleri-rave pelé et coupé en morceaux de même taille pendant 20 minutes dans de l'eau bouillante salée.

Préparez la gremolata en mixant trois zestes de citron taillés à l'économe, trois zestes d'orange, les gousses d'ail pelées, le persil, les pignons et une pincée de fleur de sel.

Tartinez huit sardines avec la gremolata, poivrez et recouvrez des huit autres sardines.

Enduisez le plat d'huile d'olive, déposez les doubles sardines dans le plat, ajoutez le brin de romarin et un filet d'huile d'olive.

Enfournez pour 8 à 10 minutes à four préchauffé à 210 °C (th. 7).

Égouttez les pommes de terre et le céleri et écrasez-les grossièrement à l'aide d'un écraseur de pommes de terre.

Le grain de sel de Sylvia
Un plat fort en goût : la sardine fraîche « envoie » bien, il lui faut des alliés également de poids pour la mettre en valeur ! C'est un plat santé et diététique. On peut remplacer le céleri par du chou-fleur. Un petit laitage, un fruit, et au lit !

Ma gigastuce
Je fais dorénavant mes purées avec l'écraseur de pommes de terre du grand magasin suédois, vous voyez qui je veux dire : c'est plus rapide et c'est plus vite lavé que le moulin à légumes de ma grand-mère !

Préparation
5
minutes
Cuisson
20
minutes

SAUMON EN ÉCAILLES DE CHORIZO ET AUBERGINES GRILLÉES

Ingrédients
Pour 4 personnes
- 4 pavés de saumon bio de 150 g environ, avec la peau
- 120 g de chorizo fort
- 4 cuil. à soupe d'huile d'olive
- 2 aubergines
- 4 cuil. à soupe de jus de citron
- 2 cuil. à soupe de persil ciselé
- sel
- poivre

Ustensiles
- 2 plats allant au four
- 1 presse-citron

Préchauffez le four à 210 °C (th. 7).

Déposez les pavés de saumon dans un plat allant au four. Arrosez avec 2 cuillerées à soupe d'huile d'olive, salez et poivrez.

Retirez la peau du chorizo, coupez des tranches fines et disposez-les sur les poissons en formant des écailles.

Coupez les aubergines lavées en rondelles de 5 mm. Posez les rondelles d'aubergine dans un deuxième plat et arrosez avec le restant d'huile (ou mieux, si vous avez 2 minutes, badigeonnez les rondelles au pinceau), salez et poivrez.

Enfournez les poissons et les aubergines pour 8 à 10 minutes.

Arrosez les aubergines de citron et de persil à la sortie du four.

Le grain de sel de Sylvia
Un plat express et très sympa à présenter. On peut accompagner de graine de couscous nature ou de riz parfumé au safran, pour rappeler la paella espagnole. Le photographe de ce livre trouve que je mets un peu du chorizo partout, mais c'est bon, pas cher, joli, fort en goût… et pratique car on peut en avoir toujours dans son placard !

Préparation
10
minutes

Cuisson
10
minutes

SAUMON MARINÉ AU SIROP D'ÉRABLE ET TAGLIATELLE DE POIREAUX

Ingrédients
Pour 4 personnes
- 4 pavés de saumon bio de 150 g, sans la peau
- 1 cuil. à soupe d'huile d'olive

Marinade
- le jus de 1/2 citron
- 1 petit bouquet d'herbes fraîches (persil, coriandre, aneth...)
- 1 cuil. à café d'huile d'olive
- 1 cuil. à café de sauce soja
- 2 cuil. à soupe de sirop d'érable
- 1 cuil. à café de sucre roux
- 1 gousse d'ail pressée
- 1 cuil. à soupe d'échalote ciselée

Tagliatelle de poireaux
- 200 g de tagliatelle
- 300 g de blancs de poireaux
- crème liquide
- gros sel

Ustensiles
- 1 saladier
- 1 sauteuse
- 1 grande marmite
- 1 égouttoir
- 1 presse-ail
- 1 presse-citron

Mélangez tous les ingrédients de la marinade dans un saladier et faites mariner le saumon entre 15 minutes et 1 heure au frais.

Coupez les blancs de poireaux en fines lanières comme des tagliatelle.

Faites cuire les tagliatelle et les tagliatelle de poireaux ensemble dans une grande quantité d'eau salée pendant 8 minutes.

Égouttez et ajoutez une lichette de crème liquide avant de servir.

Huilez la sauteuse et faites cuire le saumon mariné 3 minutes sur chaque face.

Le grain de sel de Sylvia
Un plat sucré-salé qui en général plaît également aux enfants... qui n'ont plus aucune excuse pour ne pas aimer les poireaux !

Préparation 5 minutes

Marinade 15 minutes

Cuisson 20 minutes

THON MI-CUIT EN BROCHETTES « INDOOR » ET « POIVRONS PIGNONS »

Ingrédients
Pour 4 personnes

- 500 g de thon de pêche équitable (germon, albacore)
- 1 citron
- 3 gousses d'ail pressées
- 1 cuil. à soupe de cumin
- 3 cuil. à soupe d'huile d'olive
- 1/2 bouquet de coriandre
- sel, poivre

« Poivrons pignons »

- 2 gousses d'ail
- 4 oignons
- 2 piments verts
- 1 poivron rouge
- 1 poivron vert
- 1 poivron jaune
- 2 tomates
- 15 cl de jus de tomate
- 1/2 bouquet de coriandre
- 120 g de pignons de pin
- 2 cuil. à soupe d'huile d'olive
- sel
- poivre

Ustensiles

- 1 sauteuse
- 1 bol
- 1 assiette
- 1 plat allant au four
- 4 piques à brochettes
- 1 presse-citron
- 1 zesteur

Préparez les « poivrons pignons » : torréfiez les pignons dans la sauteuse à sec, réservez, puis faites revenir à leur place dans l'huile d'olive l'ail, les oignons, les piments verts, les poivrons, les tomates, tous coupés en dés de même taille. Ajoutez le jus de tomate et la coriandre ciselée, le sel et le poivre. Faites cuire sur feu doux pendant 25 minutes. Ajoutez les pignons torréfiés et gardez au chaud.

Lavez le thon et épongez-le sur du papier absorbant, coupez-le en gros cubes. Piquez-les sur les piques en bois.

Préparez la marinade dans le bol avec le zeste et le jus du citron, l'ail pressé, le cumin, l'huile d'olive et la coriandre ciselée, sel, poivre, enduisez les brochettes sur toutes les faces et laissez mariner sur une assiette entre 15 minutes et 1 heure.

Posez les brochettes à cheval sur un plat allant au four avec 1 cm d'eau au fond, et enfournez sous le gril. Dans les deux cas : 2 à 5 minutes sur chaque face.

Le grain de sel de Sylvia
Surtout ne pas trop cuire le thon : il est bon mi-cuit, encore rose au milieu.

Ma gigastuce
Cette façon de faire des brochettes au four, été comme hiver, pluie ou pas pluie, m'a sauvé nombre de BBQ qui, sinon, auraient fini sous le déluge ! Et moi avec !

Préparation 10 minutes

Marinade 15 minutes

Cuisson 25 minutes

À BASE DE VIANDE

COUSCOUS MINUTE D'AGNEAU ET CHORIZO, COURGETTES ET PETITS POIS

Ingrédients
Pour 4 personnes
- 8 petits cubes d'épaule d'agneau désossée ou 4 tranches de gigot (300 g)
- 1 chorizo doux (200 g)
- 4 courgettes
- 1 cuil. à café de cumin ou de ras el-hanout
- 1 cuil. à soupe de concentré de tomates
- 1 poignée de petits pois surgelés
- 2 sachets de semoule express (250 g)
- huile d'olive
- 1 poignée de raisins secs
- sel
- poivre

Ustensiles
- 1 cocotte
- 1 casserole
- 1 écumoire
- 1 bol

Faites cuire les petits pois à l'eau bouillante salée dans la casserole pendant 10 minutes. Réhydratez les raisins secs dans un bol d'eau chaude.

Pendant ce temps, faites revenir l'agneau 5 minutes de chaque côté dans la cocotte huilée, salez, poivrez, ajoutez le cumin et le concentré de tomates.

Ajoutez deux verres d'eau et les courgettes juste lavées et coupées en tronçons. Laissez cuire 15 minutes à feu doux en remuant de temps en temps. Salez.

Ajoutez le chorizo pelé et coupé en rondelles et laissez cuire encore 5 minutes.

Égouttez les petits pois, rafraîchissez-les sous un filet d'eau froide et, dans la même eau, préparez la semoule express selon les indications du fabricant (comptez 1 minute 30).

Servez l'agneau au chorizo et courgettes sur un lit de semoule, les petits pois bien verts par-dessus et les raisins.

Le grain de sel de Sylvia
Un plat complet, rapide, qui ne vaut pas le couscous de votre copine marocaine, certes, mais qui fait bien la blague quand même !

Préparation 5 minutes

Cuisson 30 minutes

Boulettes à la menthe et tomates au persil

Ingrédients
Pour 4 personnes

- 500 g de viande de bœuf hachée
- 1 oignon
- 1 poignée de mie de pain
- 10 cl de lait (ou de lait de coco)
- 2 cuil. à soupe de persil haché
- 2 cuil. à soupe de menthe hachée
- 1 œuf
- 2 cuil. à soupe de farine
- 2 cuil. à soupe d'huile neutre
- 8 tomates maraîchères
- 1 gros bouquet de persil
- vinaigrette
- sel
- poivre

Ustensiles

- 1 poêle antiadhésive
- 2 saladiers
- 1 bol

Mettez à tremper la mie de pain dans un bol de lait pendant 5 minutes. Dans un saladier, mélangez l'ensemble des ingrédients des boulettes : bœuf, oignon haché, mie de pain au lait, persil, menthe et œuf. Salez et poivrez.

Formez des boulettes avec vos doigts mouillés puis roulez-les dans la farine au fur et à mesure et faites-les revenir dans la poêle huilée, à feu vif, pendant 5 minutes de chaque côté.

Coupez les tomates en rondelles dans un saladier, salez, poivrez et garnissez-les abondamment de persil ciselé. Ajoutez la vinaigrette et servez le tout.

Le grain de sel de Sylvia
Les boulettes sont un peu longues à rouler : pour gagner du temps, faites plutôt de petites galettes ! Quant à la salade de tomates au persil, c'est un dérivé du vrai taboulé oriental, qui demande lui aussi une bonne dose de persil mais qui doit être préparé à l'avance.

Préparation
15
minutes
Cuisson
10
minutes

CHILI CON CARNE « SPEEDY GONZALES » EN CORNET

Ingrédients
Pour 4 personnes
- 400 g de viande de bœuf hachée
- 2 oignons
- 2 gousses d'ail
- 1 carotte
- 1 poivron (rouge ou vert)
- 4 tomates
- 1 grosse boîte de haricots rouges
- 1 cuil. à café de cumin
- 1 cuil. à café d'origan
- 1 cuil. à café de piment
- 1 paquet de fajitas
- 2 cuil. à soupe d'huile d'olive
- sel
- poivre

Ustensiles
- 1 poêle antiadhésive
- 1 passoire
- 4 verres larges

Faites revenir les oignons hachés, l'ail coupé en lamelles et la carotte dans la poêle huilée. Ajoutez le poivron coupé en petits dés (gardez un quart du poivron pour l'ajouter cru à la fin), la viande hachée, les épices, salez et poivrez, et laissez mijoter pendant 10 minutes.

Rincez les haricots sous l'eau froide dans une passoire et ajoutez-les à la préparation, ainsi que les tomates coupées en tranches. Mouillez d'eau à hauteur et laissez cuire pendant 30 minutes à feu doux.

Servez dans les fajitas que l'on fait tenir dans un verre façon cornet de glace. Ajoutez les dés de poivron cru sur le dessus.

Le grain de sel de Sylvia
Le chili est parfois pauvre en légumes frais : le mien est 50 % légumes secs, 50 % légumes verts, et au final, c'est 100 % meilleur ! Si vous avez un avocat au fond du frigo, ajoutez-le sur le dessus des cornets, ça va bien ensemble !

Préparation
10
minutes

Cuisson
40
minutes

ÉMINCÉ DE BŒUF AUX ÉCHALOTES, HARICOTS VERTS ET PIQUILLOS

Ingrédients
Pour 4 personnes
- 600 g de rumsteck coupé en lanières
- 4 belles échalotes
- 120 g de piquillos (1/2 bocal)
- 500 g de haricots verts frais ou surgelés
- 2 cuil. à soupe d'huile neutre
- 25 g de beurre
- 1 trait de sauce soja
- sel
- poivre

Ustensiles
- 1 wok ou 1 sauteuse
- 1 casserole

Éboutez les haricots verts (s'ils sont surgelés, pas besoin) et faites-les cuire à l'eau bouillante salée pendant 15 minutes.

Faites chauffer l'huile dans le wok. Quand elle est chaude, ajoutez le beurre et immédiatement les lanières de bœuf. Remuez bien. Lorsque les lanières sont saisies de toutes parts, salez, poivrez et réservez au chaud (sous un couvercle ou dans le four tiède).

Pelez et émincez finement les échalotes. Faites-les blondir dans les sucs de viande pendant 5 minutes.

Ajoutez les piquillos coupés en gros dés. Mélangez et déglacez avec un petit verre d'eau et un trait de sauce soja, et servez le tout ensemble.

Le grain de sel de Sylvia
Un plat complet qui ressemble vaguement à la délicieuse pluma de cochon ibérique, échalotes et piquillos, de mon ami Loulou, du restaurant *Bikini* à Arcachon : un plat mythique. Comme Loulou !

Préparation 5 minutes | Cuisson 15 minutes

ÉMINCÉ DE PORC AUX POIREAUX, OIGNONS NOUVEAUX ET SÉSAME

Ingrédients
Pour 4 personnes
- 500 g d'échine de porc en lanières
- 4 petits poireaux
- 4 oignons nouveaux
- 1 cuil. à soupe de bouillon de volaille en poudre
- 1 cuil. à soupe de graines de sésame
- 2 cuil. à soupe d'huile neutre
- 10 cl de crème liquide (facultatif)
- sel
- poivre

Ustensiles
- 1 wok ou 1 sauteuse
- 1 bol

Faites dorer les graines de sésame à sec dans le wok, réservez.

Délayez le bouillon dans un petit bol d'eau chaude.

Faites revenir le porc dans le wok huilé, salez, poivrez, réservez.

Huilez à nouveau le wok si besoin et faites revenir dans les sucs de viande les poireaux et les oignons coupés en rondelles, y compris les tiges.

À coloration, ajoutez le bouillon chaud, portez à ébullition et laissez cuire pendant 10 minutes.

Ajoutez éventuellement un peu de crème liquide, puis la viande pour la réchauffer et servez saupoudré de graines de sésame dorées.

Le grain de sel de Sylvia
Un plat complet rapide et sain. Il marche aussi avec du veau, du poulet ou du canard. On peut même ajouter quelques dés de gorgonzola pour corser l'affaire.

Préparation 5 minutes | Cuisson 20 minutes

FILET DE PORC GRILLÉ À LA MOUTARDE DE MARGE SIMPSON ET PURÉE

Ingrédients
Pour 4 personnes

- 8 tranches fines de filet de porc
- 4 cuil. à café de moutarde
- 20 cl de vin blanc sec
- 4 feuilles de sauge sèches (et archisèches)
- huile neutre
- purée Mousline® (ou caviar d'aubergine express fait maison, voir page 200)
- sel
- poivre

Ustensiles

- 1 poêle antiadhésive
- 1 casserole

Préparez la purée selon les indications du fabricant.

Faites revenir les tranches de porc sur un côté dans la poêle huilée, à feu moyen, pendant 5 à 10 minutes selon leur épaisseur. Salez et poivrez.

Badigeonnez la face supérieure de moutarde et émiettez la sauge par-dessus, puis retournez les tranches et laissez cuire pendant 5 minutes.

Retournez les tranches de porc, ajoutez le vin blanc et laissez réduire 5 minutes.

Servez avec la purée, des donuts et de la bière !

Le grain de sel de Sylvia
Bon, les donuts et la bière, c'est pas obligé, la Mousline®, ça dépanne, mais une vraie bonne purée maison (voir page 200), c'est encore mieux, ou bien un caviar d'aubergine express !

Préparation
5
minutes
Cuisson
20
minutes

TRAVERS DE PORC AU MIEL ET AU COCA-COLA®

Ingrédients
Pour 4 personnes
- 1 kg de travers de porc
- 3 cuil. à soupe de miel
- 1 cuil. à café de cumin
- 1 cuil. à café de gingembre frais râpé ou en poudre
- 1 gousse d'ail
- 33 cl de Coca-Cola®
- 225 g de nouilles chinoises
- 4 tomates
- sel
- poivre

Ustensiles
- 1 plat allant au four
- 1 casserole
- 1 presse-ail
- papier d'aluminium

Coupez les travers de porc en quatre parts de trois ou quatre côtes.

Dans un plat allant au four, mélangez le miel, le cumin, le gingembre, la gousse d'ail pressée, salez et poivrez et badigeonnez les travers uniformément. Laissez mariner pendant 30 minutes couvert d'un papier d'aluminium au frais.

Préchauffez le four à 180 °C (th. 6).

Versez le Coca-Cola® sur les travers et faites cuire au four pendant 1 heure sans couvrir. Arrosez et retournez souvent.

En fin de cuisson, baissez le four à 150 °C (th. 5) et coiffez de papier d'aluminium.

Faites cuire les nouilles chinoises selon les indications du fabricant (5 minutes environ) et servez avec les tomates fraîches coupées en quartiers.

Le grain de sel de Sylvia
Le seul plat complet du livre pas rapide à cuire… mais on peut faire autre chose pendant ce temps : surveiller les devoirs des enfants, ou lire le journal !

Préparation 5 minutes

Marinade 30 minutes

Cuisson 1 heure

ÉMINCÉ DE VEAU AU CITRON ET AUX TROIS LÉGUMES

Ingrédients
Pour 4 personnes
- 500 g d'émincé de veau
- 2 oignons nouveaux
- 100 g de brocoli
- 100 g de pleurotes (ou de champignons de Paris)
- 100 g de haricots verts frais ou surgelés
- 1 citron
- 1,5 cuil. à soupe de sucre
- 1,5 cuil. à soupe de vin blanc
- 1/2 cuil. à soupe de Maïzena®
- 2 cuil. à soupe d'huile neutre
- 300 g de pâtes fraîches ou 250 g de riz ou 225 g de nouilles chinoises
- sel
- poivre

Ustensiles
- 1 wok ou 1 sauteuse
- 1 casserole
- 1 bol
- 1 presse-citron
- 1 zesteur

Dans un wok ou une sauteuse, faites revenir le veau dans l'huile chaude.

Ajoutez au fur et à mesure les oignons coupés en rondelles y compris la tige, le brocoli et les champignons en lamelles, les haricots recoupés en deux. Salez et poivrez. Faites cuire 15 minutes environ en remuant régulièrement pour que les légumes restent croquants.

Faites cuire les pâtes fraîches, le riz ou les nouilles chinoises selon les indications du fabricant.

Mélangez le zeste de citron, le jus, le sucre, le vin blanc et la Maïzena® dans un petit bol. Versez dans le wok et faites de nouveau cuire 3 minutes.

Le grain de sel de Sylvia
Je remplace éventuellement le veau par du bœuf et, du coup, le citron par de la sauce soja, ça marche bien aussi.

Ma gigastuce
Pour gagner du temps, soit je découpe les légumes directement au-dessus du wok au fur et à mesure, soit je les découpe à l'avance et, au dernier moment, je n'ai plus qu'à assembler et cuire.

Préparation
5
minutes
Cuisson
20
minutes

AIGUILLETTES DE CANARD AU MIEL ET SAUCE SOJA, POIS GOURMANDS VAPEUR

Ingrédients
Pour 4 personnes

- 500 g d'aiguillettes de canard
- 3 cuil. à soupe de miel
- 1 cuil. à café de gingembre frais râpé ou en poudre
- 3 cuil. à soupe de sauce soja (ou sauce teriyaki)
- 250 g de pois gourmands
- huile d'olive ou graisse d'oie
- graines de sésame
- sel
- poivre

Ustensiles

- 1 casserole
- 1 poêle antiadhésive

Faites cuire les pois gourmands à la vapeur ou à l'eau salée dans la casserole pendant 5 minutes.

Faites revenir les aiguillettes rapidement dans la poêle légèrement huilée.

Ajoutez le miel, le gingembre et la sauce soja. Laissez cuire encore 3 minutes.

Versez les aiguillettes et leur sauce sur les pois, rectifiez l'assaisonnement si besoin et saupoudrez de graines de sésame.

Le grain de sel de Sylvia
Un plat complet super rapide pour nourrir mon fils et sa bande d'ados affamés ! Servez accompagné de riz ou de pâtes. Les aiguillettes de canard se trouvent maintenant facilement au supermarché : elles sont prédécoupées, particulièrement goûtues, donc il faut les cuisiner au plus simple, ça nous arrange !

Préparation
5
minutes
Cuisson
10
minutes

POULET RÔTI AUX CHAMPIGNONS, RATTES ET ESTRAGON

Ingrédients
Pour 4 personnes
- 1 poulet fermier le plus gros possible
- 4 cuil. à soupe d'huile d'olive
- 500 g de gros champignons de Paris bien fermés
- 500 g de rattes
- 8 gousses d'ail
- 4 brins d'estragon
- sel
- poivre

Ustensile
la plaque du four

Coupez la base du pied des champignons et ôtez sous un filet d'eau la terre qui pourrait subsister. Lavez les rattes. Effeuillez l'estragon.

Posez le poulet sur la plaque du four. Farcissez-le avec les tiges d'estragon effeuillées : elles le parfumeront délicatement à la cuisson. Enduisez d'huile d'olive, salez et poivrez. Disposez autour du poulet les champignons coupés en quatre, les rattes et les gousses d'ail écrasées et laissées en chemise.

Faites cuire au four, non préchauffé, à 180 °C (th. 6) pendant 45 minutes en retournant le poulet tous les quarts d'heure et en l'arrosant. Il est cuit lorsque le jus qui sort des cuisses quand on les écarte n'est plus rouge.

Au sortir du four, découpez le poulet et versez un verre d'eau sur la plaque du four pour décoller les sucs.

Servez la garniture et la sauce à part, idéalement dans une saucière « gras et maigre séparés », et parsemez le tout de feuilles d'estragon ciselées.

Le grain de sel de Sylvia
Un poulet croustillant et moelleux à la fois grâce à la libération progressive de l'eau des champignons : un must ! Qui marche aussi avec de la pintade, viande plus maigre, plus délicate et plus chère. Et le lendemain, s'il vous reste du poulet, servez-le froid avec la fameuse sauce pour restes de viande froide (voir page 201).

Ma gigastuce
Choisir le poulet le plus gros possible : le poids du squelette est plus ou moins toujours le même, la différence, c'est de la viande !

Préparation 10 minutes | Cuisson 45 minutes

GREEN CURRY AUX LÉGUMES VERTS

Ingrédients
Pour 4 personnes

- 4 blancs de poulet
- 1 oignon
- 2 gousses d'ail
- 2 cuil. à soupe de pâte de curry jaune ou verte (rouge, c'est plus fort)
- 1 poivron de la couleur de votre choix
- 2 courgettes
- 250 g de haricots verts frais ou surgelés
- 50 cl de lait de coco
- 2 cuil. à soupe d'huile d'olive
- riz basmati (facultatif)
- coriandre (facultatif)
- sel
- poivre

Ustensiles
1 wok ou 1 cocotte
1 assiette

Coupez le poulet en lanières et faites-les revenir au wok 10 minutes dans 1 cuillerée à soupe d'huile d'olive avec l'oignon haché et les gousses d'ail en lamelles. Ajoutez la pâte de curry, mélangez et réservez le tout sur une assiette de service.

À la place, étuvez dans les sucs et le restant d'huile d'olive le poivron et les courgettes, coupés en dés de même taille, et les haricots verts.

Ajoutez le lait de coco, salez et poivrez, ajoutez la viande réservée et laissez mijoter pendant 10 minutes.

Servez accompagné ou non de riz basmati et de pluches de coriandre.

Le grain de sel de Sylvia
Un curry à géométrie variable : on peut doubler les proportions pour les grandes tablées improvisées. On peut le réaliser avec de l'épaule d'agneau en cubes, c'est très bon aussi, et dans ce cas, je remplace les haricots verts par 2 aubergines.

Préparation
10
minutes
Cuisson
25
minutes

CUISSES DE POULET AU FOUR, POMMES DE TERRE ET SAUGE

Ingrédients
Pour 4 personnes
- 4 cuisses de poulet et avant-cuisses
- 10 cl de vin blanc
- 600 g de pommes de terre type charlotte
- 4 gousses d'ail
- 4 brins de sauge
- 120 g de fromage râpé
- 8 brins de persil
- 3 cuil. à soupe d'huile d'olive
- sel
- poivre

Ustensiles
- 1 grand plat allant au four
- 1 bol

Préchauffez le four à 210 °C (th. 7).

Pelez les pommes de terre.

Disposez les cuisses de poulet dans le plat à four légèrement huilé. Ajoutez le vin blanc, 10 cl d'eau et les pommes de terre coupées en deux, face coupée vers le bas, entre les cuisses de poulet. Salez, poivrez, répartissez la sauge sur l'ensemble du plat.

Mélangez dans un bol les gousses d'ail pelées et émincées avec le fromage râpé et le persil ciselé. Ajoutez un filet d'huile et répartissez également sur poulet et pommes de terre. Faites cuire au four pendant 30 minutes.

Le grain de sel de Sylvia
Servez avec une belle salade aillée, et finissez par un dessert de fruits. On peut remplacer la moitié des pommes de terre par des carottes ou de la citrouille : la sauge leur va bien aussi.

Préparation
5
minutes
Cuisson
30
minutes

SUPRÊMES DE PINTADE EN COCOTTE AUX GRAINS DE RAISIN FRAIS

Ingrédients
Pour 4 personnes
- 4 suprêmes de pintade
- 1 cuil. à soupe de graisse d'oie (à défaut : huile d'olive)
- 500 g de grains de raisin (idéalement d'une variété sans pépins)
- 1 salade verte
- vinaigrette
- sel
- poivre

Ustensile
1 cocotte

Faites colorer les suprêmes à la graisse d'oie dans la cocotte. Salez et poivrez.

Ajoutez 250 g de grains de raisin coupés en deux, laissez cuire 10 minutes à couvert (avec de l'eau dans le couvercle de votre cocotte, s'il le permet).

Ajoutez le reste de raisins entiers (250 g) et mélangez pendant 2 minutes avant de servir.

Accompagnez d'une salade verte que l'on assaisonne en plus de la vinaigrette avec le maigre du jus de pintade.

Le grain de sel de Sylvia
Un plat simple et sophistiqué, sucré et salé, croustillant et moelleux… et prêt en un rien de temps !

Préparation
10
minutes
Cuisson
15
minutes

PLATS VÉGÉ OU PRESQUE

Quand on a mangé de la viande à midi…
ou pour accompagner une tranche de jambon, tout simplement !

CAMEMBERT ÉCLATÉ EN FONDUE

Ingrédients
Pour 4 personnes
- 2 camemberts pas assez faits
- 3 carottes
- 1 concombre
- 1 botte de radis
- 4 champignons
- 250 g de tomates cerise
- quelques croûtons

Ustensiles
2 cassolettes en terre cuite

Posez les camemberts dans les cassolettes. Enfournez pour 10 minutes à 210 °C (th. 7) puis passez sous le gril chaud pendant 3 minutes.

Pendant ce temps, pelez et coupez les légumes en bâtonnets, sauf les tomates.

Ouvrez les camemberts en faisant une croix avec un couteau et en soulevant la croûte.

Posez les cassolettes à table, chacun picore les bâtonnets de légume, les tomates et les croûtons de pain en les trempant dans la fondue de camembert.

Le grain de sel de Sylvia
Et puis on termine le repas, comme en Suisse les repas de fondue, avec de la meringue à la crème double et quelques fruits rouges. Mais est-ce bien raisonnable ?

Préparation
10
minutes
Cuisson
10
minutes

CRÊPES DE COURGETTE

Ingrédients
Pour 4 personnes
- 3 petites courgettes
- 75 g de farine
- 2 petits œufs
- 20 cl de crème légère
- 1 gousse d'ail
- 1/2 bouquet de persil haché
- huile neutre
- sel
- poivre

Ustensiles
- 1 saladier
- 1 petite poêle (idéalement poêle à blinis)
- 1 plat allant au four
- 1 râpe à carottes
- 1 presse-ail
- 1 torchon

Râpez finement les courgettes et pressez-les dans un torchon pour extraire l'eau.

Dans un saladier, mélangez la farine, les œufs, la crème légère, la gousse d'ail pelée et pressée avec le persil haché, du sel et du poivre. Ajoutez les courgettes râpées.

Préchauffez le four à 160 °C (th. 5/6).

Faites cuire de petits tas de pâte dans la poêle dans de l'huile neutre. Glissez les crêpes au fur et à mesure dans un plat allant au four.

Enfournez pour 5 à 10 minutes afin que les crêpes finissent de cuire à l'intérieur.

Le grain de sel de Sylvia
Avec un reste de viande froide et une salade, vous devriez faire des heureux !

Ma gigastuce
Pour faire manger des légumes à des petits récalcitrants, ce genre de recette fait merveille.

Préparation
10
minutes
Cuisson
20
minutes

CRUMBLE DE RATATOUILLE AU PARMESAN

Ingrédients
Pour 4 personnes
- 3 oignons nouveaux
- 1 gousse d'ail
- 3 courgettes
- 3 aubergines
- 1 tomate
- 1 poivron de la couleur de votre choix
- 3 cuil. à soupe d'huile d'olive
- 1 branche de thym
- sel
- poivre

Crumble
- 100 g de farine
- 20 g de chapelure
- 80 g de parmesan
- 100 g de beurre mou

Ustensiles
- 1 poêle antiadhésive
- 1 plat à gratin
- 1 saladier
- 1 presse-ail

Dans un saladier, mélangez les ingrédients du crumble : la pâte doit être sableuse au toucher.

Préchauffez le four à 210 °C (th. 7).

Faites revenir les oignons émincés à l'huile d'olive dans la poêle antiadhésive puis ajoutez la gousse d'ail pelée et pressée, les courgettes, les aubergines, la tomate et le poivron épépiné coupés en petits cubes de même taille, ainsi que la branche de thym émiettée. Salez, poivrez et faites cuire pendant 15 minutes à feu moyen en remuant de temps en temps.

Beurrez le plat à gratin et déposez les légumes mi-cuits. Émiettez le crumble par-dessus. Poivrez bien et enfournez pour 20 minutes, jusqu'à ce que la pâte soit dorée.

Et pour changer :
Crumble de tomates aux pignons
2 oignons + 1 kg de tomates pelées et épépinées + 1 branche de thym.
Crumble
60 g de farine + 50 g de chapelure + 50 g de parmesan + 60 g de beurre + 25 g de pignons de pin.

Crumble de légumes d'hiver
1 oignon + 1 gousse d'ail + 1 blanc de poireau émincé + 2 carottes + 500 g de potiron (400 g au final).
Crumble
60 g de farine + 60 g de flocons d'avoine + 80 g de parmesan + 100 g de beurre.

Le grain de sel de Sylvia
Servez avec une salade ou accompagné d'une petite sauce de chèvre frais (type Chavroux®) écrasé et fluidifié avec du fromage blanc ou de la crème liquide. Si on veut ajouter un peu de protéines, on accompagne d'un petit reste de poulet ou de jambon ou on ajoute dans les légumes 75 g de chorizo en tranches.

Préparation
10
minutes
Cuisson
35
minutes

GALETTES DE SARRASIN AUX POUSSES D'ÉPINARDS ET FETA

Ingrédients
Pour 4 personnes
- 4 galettes de sarrasin toutes prêtes (ou faites maison, voir page 200)
- 300 g de pousses d'épinards frais
- 200 g de feta
- 2 œufs
- 50 g de pignons de pin
- 1/2 citron
- beurre
- sel
- poivre

Ustensiles
- 2 poêles antiadhésives
- 1 saladier
- 1 zesteur

Râpez le zeste du citron.

Écrasez la feta à la fourchette au fond d'un saladier. Ajoutez le zeste de citron, les œufs, salez légèrement, poivrez et mélangez bien. Ajoutez les pignons.

Faites chauffer deux poêles antiadhésives avec un petit morceau de beurre. Déposez une galette au fond de chaque poêle. Répartissez un quart des feuilles d'épinard coupées finement sur chaque galette, un quart de farce à la feta, et repliez la galette pour masquer la farce. Au bout de 3 minutes, retournez la galette, laissez cuire 5 minutes et répétez l'opération avec les deux autres galettes.

Le grain de sel de Sylvia
Ça change de la classique « œuf-jambon-fromage ». Et puis moi j'aime le mélange des cultures ! Servez avec une salade de tomates, un yaourt Malo® ou un yaourt grec ! Qu'il vienne de Bretagne ou de Méditerranée, vous ne sentez pas déjà le vent du large ?

Préparation 10 minutes

Cuisson 20 minutes

GAUFRES AUX FLOCONS DE PURÉE

Ingrédients
Pour 4 personnes
- 1/2 sachet de flocons de pomme de terre (80 g)
- 1/2 sachet de levure
- 30 cl de lait
- 100 g de beurre
- 3 œufs
- 1 cuil. à café de sel
- 1 pointe de muscade
- poivre
- huile neutre

Accompagnement
- 4 tranches de saumon fumé
- 100 g de crème fraîche
- 1 brin d'aneth

Ustensiles
- 1 saladier
- 1 gaufrier
- 1 pinceau

Dans un saladier, mélangez les flocons de pomme de terre et la levure. Ajoutez le lait, le beurre fondu et refroidi et les œufs battus, assaisonnez.

Pendant ce temps, faites chauffer le gaufrier à 200 °C.

Badigeonnez les plaques d'huile neutre au pinceau et confectionnez quatre belles gaufres.

Servez avec le saumon fumé et la crème parfumée à l'aneth ciselé.

Le grain de sel de Sylvia
On peut également servir avec des œufs mollets, du bon jambon, une frisée aux lardons…

Ma gigastuce
C'est mon ami Yves Camdeborde, du *Relais Saint Germain*, à Paris, qui m'a appris à faire ces « gaufres minute » : les flocons de purée dans des gaufres, lui qui ne jure que par la vraie purée faite maison, il fallait y penser !

Préparation
10
minutes
Cuisson
10
minutes

PIZZA MAISON

Ingrédients
Pour 4 personnes
- 1 grande pâte à pizza rectangulaire (25 cm x 38 cm : 550 g)
- 25 cl de sauce tomate toute prête (ou faite maison, voir page 201)
- 200 g de chorizo (ou de lardons ou de jambon)
- 2 boules de mozzarella (300 g)
- 4 œufs (facultatif)
- 8 olives noires
- origan, basilic ou roquette

Ustensiles
- la plaque du four
- papier sulfurisé

Préchauffez le four à 210 °C (th. 7).

Étalez la pâte sur la plaque du four recouverte de papier sulfurisé. Répartissez la sauce tomate par-dessus.

Ajoutez le chorizo coupé en rondelles épaisses, la mozzarella coupée en dés et éventuellement 4 œufs en creusant un petit nid dans la garniture. Plantez les olives dans la garniture. Saupoudrez d'origan séché ou de basilic haché ou d'une belle poignée de feuilles de roquette.

Enfournez pour 5 à 7 minutes.

Le grain de sel de Sylvia
Même si on utilise pâte et sauce tomate toutes prêtes, ça a tout l'air du fait maison, et c'est largement meilleur que les pizzas surgelées ! On peut évidemment faire comme à la pizzeria et ajouter un supplément poivron, champignons, artichauts... mais c'est plus cher !

Ma gigastuce
Essayez, si vous en trouvez chez le traiteur italien, la scarmoza, un fromage fumé d'Italie : à la place de la mozzarella, c'est un délice.

Préparation
10
minutes
Cuisson
7
minutes

POLENTA GRATINÉE, TOMATES FRAÎCHES ET MOZZARELLA

Ingrédients
Pour 4 personnes
- 150 g de polenta express
- 50 cl de lait
- 20 cl de crème liquide
- 10 olives noires
- 4 tomates
- 2 boules de mozzarella (300 g)
- 1 cuil. à café de sel
- poivre

Ustensiles
- 4 plats à crème brûlée ou ramequins ou mini-cocottes
- 1 casserole

Dans une casserole, faites chauffer le lait et la crème, ajoutez le sel puis la polenta en pluie. Remuez le temps indiqué par le fabricant (comptez 3 minutes !).

Ajoutez hors du feu une boule de mozzarella coupée en dés et les olives coupées en bâtonnets. Versez dans quatre plats à gratin.

Disposez sur chaque plat une tomate coupée en deux et recouvrez avec la boule de mozzarella restante coupée en lamelles. Salez, poivrez et faites gratiner pendant 15 minutes sous le gril du four.

Le grain de sel de Sylvia
On peut remplacer la mozzarella par 150 g de fromage râpé et les tomates fraîches par de la sauce tomate maison (voir page 201). Servez avec une salade de roquette.

Préparation
10
minutes
Cuisson
20
minutes

POMMES DE TERRE AU FOUR, CRÈME FRAÎCHE ET…

Ingrédients
Pour 4 personnes

- 8 grosses pommes de terre à chair ferme
- crème fraîche épaisse
- au choix : ventrèche de thon en boîte, œufs de saumon fumé, crevettes décortiquées, sardines marinées, dés de jambon ou lamelles de magret fumé…

Ustensiles

- la plaque du four
- papier d'aluminium

Préchauffez le four à 180 °C (th. 6).

Rincez les pommes de terre, séchez-les et emballez-les dans du papier d'aluminium. Posez les papillotes sur la plaque du four, l'ouverture sur le dessus.

Faites cuire au four pendant 40 minutes.

À la sortie du four, posez deux pommes de terre sur chaque assiette, le pot de crème fraîche sur la table ainsi que les garnitures de votre choix. Chacun ouvre sa papillote, la garnit de crème puis ajoute ce qu'il veut.

Le grain de sel de Sylvia
Servez avec une salade verte. Il faut juste avoir 40 minutes devant soi, mais c'est le repas complet le plus rapide du monde à préparer : on emballe et puis c'est tout. Emballant, non ? !

Préparation
3
minutes
Cuisson
40
minutes

TARTE FINE POIRE ET FROMAGE

Ingrédients
Pour 4 personnes

- 2 poires
- 200 g de fourme d'Ambert (ou d'emmental, si on préfère)
- 1 pâte feuilletée toute prête
- 4 cuil. à soupe de cerneaux de noix
- 1 cuil. à café de piment d'Espelette (ou de graines de cumin : c'est bon aussi)

Ustensiles

- la plaque du four
- papier sulfurisé

Préchauffez le four à 180 °C (th. 6).

Pelez les poires, épépinez-les et coupez-les en lamelles. Coupez le fromage en lamelles.

Étalez la pâte sur la plaque du four recouverte de papier sulfurisé. Piquez la pâte avec une fourchette. Disposez dessus les lamelles de poire puis les lamelles de fromage, les noix et le piment.

Faites cuire au four pendant 20 minutes puis passez sous le gril chaud pendant 3 minutes.

Le grain de sel de Sylvia
Une sucrée-salée qui ravit petits et grands. Et puis comme ça, entre la poire et le fromage, on ne choisit pas ! Servez avec un petit mesclun. Si on a un peu plus faim, on peut ajouter douze tranches de magret fumé dans les 5 dernières minutes de cuisson.

Préparation 10 minutes

Cuisson 23 minutes

TATIN DE FENOUIL ET TOMATES AU MIEL

Ingrédients
Pour 4 personnes
- 2 fenouils (300 g)
- 4 tomates (400 g)
- 1 pâte brisée toute prête
- 6 cuil. à soupe d'huile d'olive
- 3 cuil. à soupe de miel
- 1 morceau de parmesan
- sel
- poivre

Ustensiles
- 1 moule à manqué antiadhésif
- 1 sauteuse

Préchauffez le four à 180 °C (th. 6).

Coupez les légumes en dés de même taille. Préparez une vingtaine de copeaux de parmesan.

Faites fondre les légumes dans une sauteuse avec 4 cuillerées à soupe d'huile d'olive pendant 15 minutes. Salez, poivrez. En fin de cuisson, faites caraméliser avec le miel pendant 5 minutes.

Versez le tout dans un moule à manqué badigeonné du restant d'huile d'olive. Couvrez avec la pâte brisée en rentrant bien les bords de la pâte à l'intérieur du moule. Faites cuire au four pendant 20 minutes.

Attendez 2 minutes après la sortie du four avant de retourner la tatin sur le plat de service. Déposez les copeaux de parmesan par-dessus.

Ou encore :
Tatin de poireaux au miel et au curry
6 fûts de poireaux moyens
+ 3 cuil. à soupe de miel
+ 1 cuil. à soupe de curry.

Tatin d'aubergines aux pignons
3 aubergines + 4 oignons nouveaux
+ 50 g de pignons de pin.

Le grain de sel de Sylvia
Accompagnez de chiffonnade de jambon de Parme. Et pour changer, on peut remplacer le fenouil et les tomates par 4 endives ou 500 g de courgettes.

Préparation
10
minutes
Cuisson
40
minutes

WOKY DE SEPT, SIX, CINQ, QUATRE OU TROIS LÉGUMES

Ingrédients
Pour 4 personnes

- 1 oignon
- 1 gousse d'ail
- 1 noix de gingembre (facultatif)
- 1 kg de légumes mélangés (au moins trois parmi ces légumes présents toute l'année : carotte, courgette, champignon de Paris, poivron, brocoli, pois gourmands, pousses de soja)
- 2 cuil. à soupe d'huile d'olive
- 1/2 cube de bouillon de votre choix
- 2 cuil. à soupe de sauce soja (idéalement Kikkoman®)
- persil, coriandre ou ciboulette

Ustensile
1 wok ou 1 grande sauteuse

Pelez l'oignon, l'ail et le gingembre.

Chauffez le wok avec l'huile d'olive à feu vif et faites revenir l'oignon émincé, l'ail et le gingembre hachés.

Pendant ce temps, pelez et coupez les légumes en dés de plus ou moins même taille et ajoutez-les au fur et à mesure dans le wok en mélangeant.

Émiettez le demi-cube de bouillon sur les légumes, ajoutez 25 cl d'eau chaude, la sauce soja, laissez cuire entre 10 et 20 minutes selon les légumes choisis et la taille de la découpe : ils doivent rester croquants.

Parsemez d'herbette ciselée au moment de servir.

Le grain de sel de Sylvia
Le wok est l'instrument idéal des légumes sautés, d'ailleurs, je lui ai consacré tout un livre* qui fait la part belle aux légumes, comme toujours chez moi. Si on veut accompagner d'un peu de protéines, on peut ajouter aux légumes 200 g de tofu fumé. Ou bien on peut se contenter d'une version purement végétarienne avec un bol de riz ou de quinoa cuit à part.

Ma gigastuce
On coupe les légumes directement au-dessus de l'ustensile de cuisson, alors que la cuisson a déjà commencé, et on gagne du temps !

* *Wok à tout faire*, Éditions de La Martinière : 60 plats complets au wok pour tous les jours.

Préparation
10
minutes
Cuisson
20
minutes

RIZ ET AUTRES CÉRÉALES FAÇON RIZ

Si on a mangé des protéines à midi, pour le soir, un mix céréales et légumes suffit largement. Puis une salade, un laitage, et… on en est à quel épisode de notre série préférée ?

BOULGOUR PILAF AU FOUR FAÇON RISOTTO RAPIDO

Ingrédients
Pour 4 personnes
- 240 g de boulgour ou de riz rond ou long
- 1 oignon
- 1 cube de bouillon de votre choix
- 75 g de beurre
- 50 g de parmesan
- sel
- poivre

Ustensiles
- 1 plat allant au four (Pyrex par exemple)
- 1 casserole

Préchauffez le four à 180 °C (th. 6).

Portez à ébullition de l'eau (deux fois et demie le volume du boulgour) dans une casserole avec le cube de bouillon.

Pelez et hachez l'oignon. Faites fondre l'oignon haché dans 25 g de beurre (sur votre cuisinière si votre plat le permet, sinon au four, en surveillant).

Ajoutez le boulgour. Quand les grains sont nacrés et qu'ils deviennent translucides, ajoutez le bouillon chaud et enfournez pour 18 minutes.

Incorporez à la fourchette le beurre restant et le parmesan. Rectifiez l'assaisonnement si besoin.

Le grain de sel de Sylvia
Je suis une fan de safran alors j'ajoute volontiers deux capsules de safran dans le bouillon, mais tout simple et nature, c'est bon aussi. Accompagnez de restes de viande froide, de saucisses grillées ou de moules marinières.

Ma gigastuce
Cuire le risotto au four, sans avoir à s'en occuper, c'est du temps de gagné pour le reste !

Préparation
5
minutes
Cuisson
20
minutes

PÂTOTTO AUX COURGETTES, TOMATES SÉCHÉES ET CHORIZO

Ingrédients
Pour 4 personnes
- 300 g de petites pâtes (coquillette, mini-orecchiette, pennette…)
- 150 g de chorizo doux
- 2 échalotes
- 3 courgettes
- 8 tomates séchées
- 20 cl de vin blanc
- 2 cubes de bouillon de votre choix
- 50 g de parmesan
- sel
- poivre

Ustensiles
- 1 grande casserole
- 1 poêle ou 1 sauteuse

Portez à ébullition 1 l d'eau dans une casserole avec les cubes de bouillon.

Pendant ce temps, faites dorer le chorizo coupé en rondelles à sec dans une poêle. Réservez.

Dans la graisse de cuisson, faites dorer les échalotes hachées puis les courgettes juste lavées et coupées en dés. Salez, poivrez. Ajoutez les pâtes, mélangez pour bien les enrober puis versez le vin blanc. Une fois absorbé, ajoutez le bouillon chaud et faites cuire 5 à 10 minutes en mélangeant jusqu'à ce que les pâtes soient al dente. Remettez le chorizo et ajoutez les tomates séchées ciselées et le parmesan.

Le grain de sel de Sylvia
On peut remplacer les tomates séchées par des tomates cerise : ça plaît davantage aux petits ! Cette façon originale de cuire les pâtes les rend plus savoureuses.

Préparation 10 minutes

Cuisson 15 minutes

« QUINOAOTTO » OU « MILLETOTTO » À LA ROQUETTE, CHÈVRE ET NOISETTES

Ingrédients
Pour 4 personnes
- 250 g de quinoa ou de millet
- 1 oignon
- 1 cuil. à soupe d'huile d'olive
- 125 g de chèvre bûche
- 150 g de roquette
- 16 noisettes
- 2 cubes de bouillon de votre choix
- sel
- poivre

Ustensiles
- 1 grande casserole
- 1 poêle

Portez à ébullition 1 l d'eau dans une casserole avec les cubes de bouillon.

Pendant ce temps, faites revenir à la poêle l'oignon haché dans l'huile d'olive.

Ajoutez la graine choisie, versez une louchée de bouillon puis, après complète absorption, ajoutez une nouvelle louchée et ainsi de suite.

Quand le quinoa ou le millet est cuit, ajoutez le chèvre coupé en dés, la roquette et les noisettes concassées. Mélangez, salez, poivrez et servez aussitôt.

Le grain de sel de Sylvia
On peut remplacer la roquette par des épinards à la crème surgelés et décongelés au micro-ondes, et le chèvre par de la mozzarella. Ces nouvelles céréales – en vérité pas si nouvelles et même fort anciennes – apportent une texture originale dans nos assiettes. Mais on peut aussi bien réaliser cette recette avec du riz rond ou des petites pâtes (pennette ou coquillette).

Préparation
5
minutes
Cuisson
20
minutes

RIZ BASMATI SAUTÉ AUX LÉGUMES FAÇON ASIATIQUE

Ingrédients
Pour 4 personnes
- 200 g de riz basmati
- 1 échalote
- 25 g de beurre
- 1/2 cube de bouillon de votre choix
- 1 petit poireau
- 1 carotte
- 2 feuilles de chou frisé
- 200 g de brocoli
- 200 g de chou-fleur
- 50 g de poivron rouge
- 1 gousse d'ail
- 1 noix de gingembre
- 2 cuil. à soupe d'huile d'olive
- 3 cuil. à soupe de sauce soja
- sel
- poivre

Ustensiles
- 1 casserole
- 1 poêle

Faites suer au beurre l'échalote pelée et ciselée dans la casserole. Ajoutez le riz. Quand il est nacré et qu'il devient translucide, mouillez avec 35 cl d'eau chaude et ajoutez le demi-cube de bouillon. Faites cuire à couvert pendant 15 minutes à feu doux.

Pendant ce temps, coupez le poireau en lamelles, pelez et coupez de même la carotte, hachez les feuilles de chou frisé, coupez le brocoli, le chou-fleur et le poivron en morceaux de même taille, pelez et hachez l'ail et le gingembre.

Faites sauter l'ail et le gingembre hachés à l'huile d'olive dans la poêle. Ajoutez le reste des légumes. Déglacez avec la sauce soja puis, quand les légumes sont al dente, incorporez le riz cuit. Faites revenir le tout pendant 5 minutes, salez, poivrez et servez aussitôt.

Le grain de sel de Sylvia
Un plat complet et sain... Un dessert de fruits, et hop, au lit !

Préparation
10
minutes

Cuisson
20
minutes

VRAI RISOTTO CRÉMEUX AUX LÉGUMES

Ingrédients
Pour 4 personnes
- 400 g de riz rond (type arborio ou carnaroli)
- 50 g de beurre
- 1 oignon
- 15 cl de vin blanc sec
- 2 cubes de bouillon de votre choix
- 15 cl de crème liquide
- 500 g de légumes (au choix : champignons, courgettes, brocoli et petits pois, potiron, asperges vertes ou tomates cerise…)
- huile d'olive
- 50 g de parmesan
- sel
- poivre

Ustensiles
- 2 casseroles
- 1 poêle ou 1 sauteuse

Portez à ébullition 1 l d'eau dans une casserole avec les cubes de bouillon.

Pendant ce temps, faites revenir l'oignon haché dans la poêle avec la moitié du beurre jusqu'à ce qu'il soit transparent.

Ajoutez le riz et mélangez jusqu'à ce qu'il soit translucide. Versez le vin blanc et laissez réduire à sec sur feu moyen.

Ajoutez 1 louchée de bouillon chaud sans cesser de mélanger. Après complète absorption, renouvelez l'opération. À la fin, ajoutez la crème, le reste de beurre et le parmesan.

Pendant ce temps, faites cuire les légumes choisis à la vapeur ou dans un fond d'huile d'olive. Au dernier moment, salez et poivrez, incorporez les légumes au risotto et rectifiez l'assaisonnement si besoin.

Le grain de sel de Sylvia
Faire un vrai risotto n'est pas compliqué, il faut juste disposer de 20 minutes pour tourner la préparation debout devant le fourneau. On en profite du coup pour faire cuire en même temps des petits légumes que l'on mélange à la fin : les variations sont infinies, le résultat est un plat équilibré, sain… et délicieux ! J'y ajoute parfois une boule de burrata au milieu de chaque assiette. Une tranche d'ananas en dessert, on part presque en Italie !

Préparation 10 minutes

Cuisson 20 minutes

ŒUFS ET COMPAGNIE (QUICHE, TORTILLA, ŒUFS COCOTTE...)

En 2010, les Français ont consommé 14,3 milliards d'œufs – soit 230 œufs par personne : ça commence à faire de la bonne omelette, là !

CLAFOUTIS AUX TOMATES CERISE ET BREBIS BASQUE

Ingrédients
Pour 4 personnes
- 250 g de tomates cerise
- 20 g de beurre pour les ramequins
- 150 g de fromage de brebis basque (Etorki®, P'tit Basque®…)
- 4 cuil. à café de Maïzena®
- 25 cl de lait
- 25 cl de crème liquide
- 3 œufs
- ciboulette
- piment d'Espelette
- sel
- poivre

Ustensiles
- 1 saladier
- 4 ramequins ou mini-cocottes ou plats à crème brûlée ou 1 grand plat à tarte antiadhésif

Coupez le fromage en petits dés.

Dans un saladier, battez les œufs, ajoutez la Maïzena® délayée dans le lait et la crème, salez et poivrez.

Beurrez les ramequins. Répartissez les tomates cerise coupées en deux et les dés de fromage dans les ramequins, versez la pâte et enfournez à four préchauffé à 180 °C (th. 6) pour 15 minutes.

Parsemez de ciboulette, de piment d'Espelette et servez chaud ou tiède.

Le grain de sel de Sylvia
Avec la même pâte, on peut réaliser des clafoutis aux champignons (faire revenir au préalable à l'huile d'olive 250 g de champignons des bois avec 1 échalote et du persil) ou des clafoutis aux poireaux et au lard (faire revenir au préalable à l'huile d'olive 2 fûts de poireaux et 125 g de lardons allumettes).

Préparation
10
minutes
Cuisson
15
minutes

FLANS AU BROCOLI ET AMANDES EFFILÉES

Ingrédients
Pour 4 personnes
- 750 g de brocoli
- 20 g de beurre pour les ramequins
- 25 cl de lait
- 25 cl de crème liquide
- 3 œufs + 3 jaunes
- 1 cuil. à café de gingembre moulu (facultatif)
- 25 g d'amandes effilées
- sel
- poivre

Ustensiles
- 1 casserole
- 1 saladier
- 4 ramequins ou mini-cocottes
- la lèchefrite du four ou 1 plat creux pour faire bain-marie

Séparez le brocoli en bouquets et faites-les cuire 5 minutes dans de l'eau bouillante salée. Égouttez.

Dans un saladier, battez les œufs et les jaunes, ajoutez le lait et la crème, le gingembre moulu, salez et poivrez.

Beurrez les ramequins. Répartissez les petits bouquets de brocoli dans les ramequins, l'appareil à flan et les amandes effilées.

Disposez les ramequins dans la lèchefrite du four ou dans un plat creux. Garnissez d'eau chaude à mi-hauteur et enfournez à four préchauffé à 160 °C (th. 5/6) pour 30 minutes (un peu plus si le flan n'est pas tout à fait pris, selon la taille de votre contenant).

Le grain de sel de Sylvia
Accompagnez d'une salade verte ou de tomates. En dessert : une compote, ou une salade d'oranges à la cannelle !

Préparation 10 minutes

Cuisson 35 minutes

ŒUFS COCOTTE AUX ÉPINARDS ET LARDONS

Ingrédients
Pour 4 personnes
- 8 œufs
- 250 g d'épinards à la crème légère surgelés
- 15 cl de crème liquide
- 100 g de lardons allumettes
- 20 g de beurre
- sel
- poivre

Ustensiles
- 1 casserole
- 1 poêle antiadhésive
- 4 ou 8 petites cocottes en fonte ou en céramique
- la lèchefrite du four ou 1 plat creux pour faire bain-marie

Faites fondre les épinards à la crème surgelés dans la casserole.

Faites revenir les lardons à sec dans la poêle antiadhésive et laissez en attente, feu éteint.

Beurrez les cocottes et déposez au fond les épinards cuits (1 à 2 cuillerées à soupe par cocotte).

Disposez les cocottes dans le plat à bain-marie avec de l'eau chaude. Cassez les œufs : versez le blanc sur les épinards mais gardez le jaune dans une moitié de coquille, sur le bord de la cuisinière. Ajoutez 1 à 2 cuillerées à soupe de crème liquide, salez et enfournez à four préchauffé à 200 °C (th. 6/7) pour 8 à 10 minutes.

À la sortie du four, répartissez les lardons dans les cocottes et déposez délicatement les jaunes par-dessus, salez, poivrez, et à table !

Le grain de sel de Sylvia
Un plat complet, il manque juste un petit dessert lacté et c'est équilibré !

Ma gigastuce
On peut remplacer les épinards par n'importe quelle purée de légumes ou petit reste de légumes cuits (courgettes, champignons...). On peut ajouter du fromage (comté, cheddar, bleu...) sur le blanc d'œuf. Les variations sont infinies et ma technique infaillible pour préserver le cœur coulant du jaune !

Préparation 10 minutes

Cuisson 10 minutes

ŒUFS ORSINI DE CLAUDE MONET OU CHRISTIAN DIOR

Ingrédients
Pour 4 personnes
- 4 gros œufs
- 30 g de parmesan en poudre
- 20 g de beurre
- sel
- poivre

Ustensiles
- 4 plats à crème brûlée ou ramequins ou mini-cocottes
- 1 robot ou 1 mixer

Séparez les blancs et gardez chaque jaune dans sa demi-coquille.

Montez les blancs avec une pincée de sel puis ajoutez le parmesan en poudre.

Beurrez des plats à crème brûlée et répartissez-y la mousse blanche en faisant un petit nid au milieu.

Enfournez pour 4 minutes à four préchauffé à 200 °C (th. 6/7) puis déposez les jaunes, poivrez, repassez au four pendant 1 minute et servez aussitôt !

Le grain de sel de Sylvia
En fait, ce sont des œufs au plat, mais à la neige ! Désormais, vous ne mangerez plus les œufs au plat que comme ça ! Merci Monsieur Orsini, Monsieur Claude et Monsieur Christian : on en servait très souvent, paraît-il, à leur table !

Ma gigastuce
Pour beurrer facilement les moules à gâteau et, ici, les cocottes : je les enfourne pour 5 minutes dans le four chaud… et hop, le beurre fond sur les parois et on en met juste ce qu'il faut !

Préparation
10
minutes
Cuisson
5
minutes

QUICHE AUX COURGETTES, FETA ET RICOTTA À LA MENTHE

Ingrédients
Pour 4 personnes
- 2 grosses courgettes
- 3 cuil. à soupe d'huile d'olive
- 1 pâte feuilletée
- 1 tranche de feta (200 g)
- 1 pot de ricotta (250 g)
- 3 œufs
- 2 beaux brins de menthe fraîche
- sel
- poivre

Ustensiles
- 1 saladier
- 1 poêle
- 1 plat à tarte

Détaillez les courgettes en lamelles et faites-les revenir à la poêle dans l'huile d'olive. Salez, poivrez.

Déroulez la pâte feuilletée sur le plat à tarte et piquez-la à l'aide d'une fourchette.

Dans un saladier, battez la feta et la ricotta avec les œufs, ajoutez la moitié de la menthe fraîche ciselée, salez peu, poivrez bien. Versez sur le fond de tarte puis répartissez les rondelles de courgette refroidies.

Enfournez à four préchauffé à 180 °C (th. 6) pour 30 minutes. Disposez le reste de menthe ciselée et servez tiède ou froid.

Le grain de sel de Sylvia
On peut varier les plaisirs à l'infini avec une quiche aux carottes et amandes, au brocoli, bleu et pignons de pin, aux épinards frais et saint-marcellin, au potiron, champignons et marrons à la sauge, ou au potiron et coppa...

Préparation
10
minutes
Cuisson
40
minutes

Soufflés aux courgettes et curcuma

Ingrédients
Pour 4 personnes

- 2 courgettes (500 g)
- 2 gousses d'ail
- 1 cuil. à café de curcuma (ou cumin ou curry)
- 20 g de beurre + beurre pour les moules
- 2 cuil. à soupe bombées de farine (30 g)
- 30 cl de lait
- 75 g de gruyère râpé
- 4 œufs
- 2 cuil. à soupe d'huile d'olive
- sel
- poivre

Ustensiles

- 1 râpe à grosse grille ou moyenne
- 1 poêle antiadhésive
- 1 casserole
- 1 fouet
- 1 robot ou 1 mixer
- 4 petits moules à soufflé ou 1 grand moule à soufflé

Coupez les extrémités des courgettes, lavez-les et râpez-les. Pelez les gousses d'ail, dégermez-les et détaillez-les en lamelles.

Faites suer les lamelles d'ail, le curcuma et les courgettes râpées dans une poêle antiadhésive huilée jusqu'à ce que l'eau de végétation soit évaporée. Salez, poivrez.

Séparez les blancs des jaunes, montez les blancs en neige au robot.

Pour la béchamel, faites fondre le beurre dans une casserole, ajoutez la farine et le lait en fouettant jusqu'à ce que le mélange épaississe. Salez, poivrez.

Mélangez les courgettes à la béchamel, ajoutez les jaunes d'œufs un par un en mélangeant à la cuillère, le gruyère râpé, les blancs montés en neige, et versez le tout dans quatre moules à soufflé individuels beurrés (ou un grand moule).

Enfournez à four préchauffé à 200 °C (th. 6/7) pour 20 minutes (un peu plus si c'est un grand plat). N'ouvrez pas la porte du four tant que le dessus n'est pas bien doré et servez tout de suite !

Le grain de sel de Sylvia
On peut remplacer les courgettes par du brocoli ou du chou-fleur (500 g au total, à écraser à la fourchette avant de le mélanger à la béchamel), des épinards à la crème surgelés (250 g seulement) ou 1 kg de potiron cuit à l'eau et mixé, ou des purées de légumes toutes prêtes, ou deux poires coupées en dés (dans ce cas, on double la quantité de fromage et le tour est joué)… On peut aussi remplacer la béchamel par 250 g de ricotta et 10 cl de crème liquide, c'est délicieux !

Ma gigastuce
Un reste de purée de pomme de terre, c'est bien aussi !

Préparation 15 minutes

Cuisson 30 minutes

TORTILLA AU CHORIZO ET POIVRONS ROUGES

Ingrédients
Pour 4 personnes
- 2 poivrons rouges
- 2 gousses d'ail
- 100 g de chorizo
- 6 œufs
- 4 cuil. à soupe d'huile d'olive
- 1 cuil. à café de piment d'Espelette
- 1/2 cuil. à café de cumin (ou curcuma ou curry)
- 5 cl de lait
- sel
- poivre

Ustensiles
- 1 grande poêle antiadhésive
- 1 saladier
- 1 assiette

Épépinez les poivrons et coupez-les en dés, pelez les gousses d'ail et coupez-les en lamelles. Ôtez la peau du chorizo et coupez-le en rondelles.

Faites revenir les dés de poivron et les lamelles d'ail dans la poêle antiadhésive avec la moitié de l'huile d'olive. Ajoutez le piment d'Espelette, le cumin, et laissez confire 10 minutes sur feu doux. Laissez tiédir.

Pendant ce temps, battez les œufs dans le saladier, salez, poivrez et ajoutez le lait. Versez le contenu de la poêle tiédi dans les œufs battus.

Huilez à nouveau la poêle avec le reste d'huile, versez le contenu du saladier, disposez les rondelles de chorizo, laissez sur feu vif pendant 2 minutes, puis baissez. Laissez mi-cuire jusqu'à consistance baveuse et servez. Ou alors, si vous aimez bien cuit, posez une assiette sur la poêle, retournez la poêle et reversez le contenu de l'assiette dans la poêle pour faire cuire la deuxième face de la tortilla.

Le grain de sel de Sylvia
On peut remplacer les poivrons par deux courgettes, ou 200 g de piments doux avec 300 g d'oignons doux, ou 500 g de pommes de terre en robe des champs, ou quatre artichauts poivrades coupés finement à la mandoline.

Ma gigastuce
Mon ami Peyo, du marché du Cap-Ferret, qui fait la meilleure tortilla du monde, m'a appris cette astuce : ajoutez des chips de pommes de terre, vous verrez, c'est bluffant !

Préparation 15 minutes

Cuisson 30 minutes

CLUB SANDWICH, CROQUE-MONSIEUR ET AUTRES TARTINES, PAIN PERDU

Perdu ? pas pour tout le monde !

CLUB SANDWICH « BLT » COMME À NEW YORK

Ingrédients
Pour 4 personnes
- 8 tranches de pain de mie blanc
- 16 tranches fines de lard paysan
- 4 tomates
- 4 feuilles de laitue
- 2 œufs
- 1 petit bol de mayonnaise maison (voir page 197)

Ustensiles
- 1 grille-pain ou le gril du four
- 1 micro-ondes ou 1 poêle antiadhésive
- 1 casserole
- 4 piques en bois

Faites griller les tranches de pain de mie au grille-pain ou sous le gril du four en surveillant.

Faites griller le lard au micro-ondes ou à la poêle antiadhésive.

Faites cuire les œufs pendant 10 minutes.

Tartinez le pain grillé de mayonnaise. Répartissez les feuilles de salade sur quatre tranches, puis les tomates et les œufs durs en lamelles, le lard grillé, et refermez avec la deuxième tartine de pain mayo. Tranchez en diagonale et empilez les quatre demi-tranches, faites-les tenir avec une pique en bois.

Le grain de sel de Sylvia
Accompagnez d'une salade ou de radis et tomates cerise à picorer, devant un bon film policier américain : après tout, le club sandwich a été inventé à New York (en 1894 au Morrissey's Club House) et BLT, ça veut dire Bacon Lettuce and Tomato. Yeah !

Ma gigastuce
Je fais griller le lard entre deux feuilles d'essuie-tout 30 secondes au micro-ondes : c'est rapide et diététique.

Préparation **10** minutes

Cuisson **10** minutes

CROQUE-MONSIEUR À LA VACHE QUI RIT®

Ingrédients
Pour 4 personnes
- 8 tranches de pain de mie complet
- 8 portions de Vache qui rit®
- 4 tranches de jambon blanc
- 25 g de beurre pour le moule

Ustensile
la grille du four ou 1 moule à croque-monsieur

Coupez le jambon à la dimension des tranches de pain de mie… et grignotez les chutes !

Tartinez les tranches de pain de mie avec les portions de Vache qui rit®. Recouvrez quatre tranches tartinées avec les quatre tranches de jambon. Recouvrez avec les quatre tranches de pain de mie tartinées restantes.

Enfournez à four préchauffé à 200 °C (th. 6/7) pour 10 minutes ou faites cuire dans un moule à croque-monsieur beurré.

À essayer également, la version Swiss :
pain de mie complet + beurre doux + cerneaux de noix + gruyère AOC + viande des Grisons.

Le grain de sel de Sylvia
Accompagnez d'une salade verte. Idéal pour un plateau TV rapido. C'est la recette mythique de mon ami Yves Camdeborde, du *Relais Saint Germain*, à Paris, et de notre premier livre ensemble !

Préparation 10 minutes

Cuisson 10 minutes

PAIN PERDU AU BLEU

Ingrédients
Pour 4 personnes
- 8 tranches de pain rassis
- 25 cl de crème liquide
- 25 cl de lait
- 2 œufs
- 100 g de bleu
- 25 g de beurre
- sel
- poivre

Ustensiles
- 1 saladier
- 1 poêle antiadhésive
- 1 plat allant au four

Dans un saladier, mélangez les œufs avec la crème et le lait. Salez, poivrez, trempez les tranches de pain dedans.

Faites mousser le beurre dans une poêle antiadhésive et faites-y dorer les tranches de pain perdu quatre par quatre.

Déposez les quatre premières tranches dans un plat allant au four, répartissez le bleu par-dessus et recouvrez avec les quatre autres tranches de pain perdu bien dorées.

Enfournez à four préchauffé à 200 °C (th. 6/7) pour 10 minutes.

À essayer également, la version « Reine des pistes », la croûte aux champignons du chalet :
Faites sauter à l'huile d'olive 3 tomates en dés et 250 g de champignons des bois (à défaut, champignons de Paris).

Mélangez 2 œufs et 25 cl de crème liquide, trempez-y 8 tranches de pain et disposez-les dans un plat allant au four. Répartissez les champignons étuvés sur les croûtes. Saupoudrez de gruyère râpé et faites gratiner 10 minutes.

Le grain de sel de Sylvia
Accompagnez d'une salade de mâche à l'huile de noix et de quelques cerneaux, ou d'une soupe cresson-poire (voir page 20).

Ma gigastuce
Je me sers du récipient de la crème – 25 cl de contenance – comme mesureur pour le lait : ça va plus vite et pas besoin de verre gradué !

Préparation
10
minutes
Cuisson
20
minutes

TARTINES GRATINÉES AUX TOMATES CONFITES ET AU CHÈVRE

Ingrédients
Pour 4 personnes
- 1 baguette
- 4 cuil. à soupe de ricotta ou mascarpone ou fromage blanc
- 100 g de tomates confites
- 2 chèvres bûches (2 x 150 g)
- sel
- poivre

Ustensile
le gril du four

Coupez les tomates confites en petits dés et le chèvre en tranches de 5 mm.

Coupez la baguette en quatre morceaux puis fendez-les en deux.

Tartinez de ricotta, salez légèrement et poivrez, répartissez les dés de tomate puis les tranches de chèvre.

Passez sous le gril du four pendant 10 minutes (le temps que le chèvre soit bien coloré). Poivrez à la sortie du four.

Et pour varier les plaisirs :
Tartines gratinées aux tomates fraîches à la mozzarella
Remplacez les tomates confites par 2 tomates fraîches, et le chèvre par 2 boules de mozzarella.

Tartines gratinées de tomate fraîche, jambon de pays et mozzarella
Grillez les tranches de baguette et frottez-les avec une demi-tomate. Disposez 4 tranches de jambon de pays par-dessus en faisant des plis. Coupez 2 boules de mozzarella en bâtonnets. Entre les plis du jambon, insérez les bâtonnets de mozzarella. Arrosez d'un filet d'huile d'olive et faites gratiner. Poivrez et parsemez de basilic ciselé.

Tartines gratinées aux champignons
Faites sauter à l'huile d'olive 1 oignon et 500 g de champignons de Paris en lamelles. Ajoutez 15 cl de crème fraîche, de la ciboulette ciselée et répartissez sur les tartines. Saupoudrez de gruyère râpé et faites gratiner.

Le grain de sel de Sylvia
Accompagnez d'une salade verte ou de crudités, ou d'une soupe de légumes (p20).

Ma gigastuce
Je congèle les morceaux de baguette qui restent après un repas, directement coupés en grandes tartines, comme ça, hop, un coup de grille-pain pour dégeler, et je fais ma recette !

Préparation
5
minutes
Cuisson
10
minutes

TARTINES RÔTIES DE TOMATES AILLÉES ET PATA NEGRA

Ingrédients
Pour 4 personnes
- 4 tranches de pain de campagne
- 1 gousse d'ail
- 2 tomates
- huile d'olive
- vinaigre balsamique
- 4 tranches de jambon ibérique de bellota « pata negra »
- sel
- poivre

Ustensiles
- 1 grille-pain ou le gril du four
- 1 saladier

Faites griller les tranches de pain au grille-pain ou sous le gril du four en surveillant.

Frottez une face avec la gousse d'ail.

Coupez les tomates en petits dés dans le saladier, assaisonnez-les de sel, de poivre, d'huile d'olive et de quelques gouttes de vinaigre balsamique. Répartissez sur le pain aillé.

Disposez les tranches de pata negra. Dégustez.

Le grain de sel de Sylvia
J'ai malheureusement fait goûter très tôt à mes enfants la « Rolls » des jambons : le jambon ibérique de bellota. Du coup, ils en raffolent, et tant pis pour mon porte-monnaie. Bien sûr, on peut remplacer par un bon jambon cru de pays ou par des sardines en boîte (millésimées : encore une « Rolls » de la cuisine… mais abordable !).

Préparation 5 minutes

Cuisson 10 minutes

SALADATOUT

Une aubaine, les « Saladatout », pour liquider les légumes qui traînent au fond du frigo… ou pour faire un vrai « bar à salade » à la maison.

« BAR À SALADE » MAISON

Ingrédients
Pour 4 personnes
vinaigrette
Catégorie 1
1 salade triée (1 romaine ou 4 sucrines) ou 1 sachet de pousses d'épinards
Catégorie 2
des dés d'avocat, des tranches de pomme, des tomates cerise, des radis, des rondelles de concombre
Catégorie 3
des lardons, des œufs durs en tranches, du thon au naturel, du blanc de poulet cuit en lamelles, du jambon en lamelles, des anchois à l'huile, du gruyère en dés, du chèvre en rondelles, de la mozzarella ou de la feta
Catégorie 4
oignon nouveau ciselé, graines ou germes, raisins secs, noix ou pignons, croûtons aillés...

Ustensiles
• 4 saladiers
• 1 bol

Disposez joliment sur la table façon « bar » tous les ingrédients ainsi qu'un bol de vinaigrette. Chacun se fabrique sa salade dans son saladier selon les ingrédients qu'il préfère... pourvu qu'il pioche au moins une fois dans chaque catégorie d'ingrédients.

On arrose de vinaigrette et on mélange sa salade. On recoupe éventuellement le contenu du saladier pour faciliter la dégustation (aux États-Unis, où les « bars à salade » ont vu le jour, ils ont même inventé une machine pour le faire !).

On mange directement dans le saladier... et on range les ingrédients restants dans des petites boîtes en plastique, pour la fois prochaine !

Le grain de sel de Sylvia
Une chaîne américaine de « bar à salade » m'a donné l'envie de reproduire ça à la maison, c'est ludique et pédagogique : chacun fabrique sa salade selon ses goûts, et le résultat est un repas bien équilibré puisqu'on a pioché dans les quatre catégories d'ingrédients !

Préparation
10
minutes

Cuisson
0
minute !

LE COLESLAW DES HAMBURGERS DE NEW YORK

Ingrédients
Pour 4 personnes

- 1/2 chou blanc
- 2 carottes
- 3 cuil. à soupe de vinaigre de vin blanc
- 1 yaourt nature
- 1 pot de yaourt de mayonnaise maison (voir page 197)
- 1 brin d'aneth
- 3 cuil. à soupe de raisins secs
- sel
- poivre

Ustensiles

- 1 robot râpeur
- 1 bol

Réhydratez les raisins secs dans un bol d'eau chaude.

Râpez le demi-chou blanc sans le cœur dur, et les carottes pelées.

Mélangez le vinaigre de vin blanc, le yaourt, la mayo, les pluches d'aneth et les raisins secs réhydratés, salez et poivrez.

Versez sur les légumes râpés. Mélangez et gardez au frais avant de déguster.

Le grain de sel de Sylvia
Accompagnez de hamburgers comme à New York ! Ou bien prévoyez juste des petits pains à hamburger, un steak haché et une tranche de lard grillé par personne, et servez le coleslaw dans les hamburgers, à la place de la salade verte, de la rondelle de tomate, du ketchup et du cornichon. Dans tous les cas, l'ensemble fait un bon repas équilibré : wonderful !

Ma gigastuce
Je garde le reste de chou blanc emballé dans le bac à légumes du frigo : il se conserve un mois !

Préparation
10
minutes
Cuisson
0
minute !

SALADE DE COUSCOUS AUX COURGETTES ET PIGNONS

Ingrédients
Pour 4 personnes
- 2 belles courgettes (500 g)
- 2 sachets de semoule express (250 g)
- 6 filets d'anchois à l'huile
- 3 cuil. à soupe de raisins secs (50 g)
- 3 cuil. à soupe de pignons de pin (50 g)
- 1 gousse d'ail
- 3 cuil. à soupe d'huile d'olive
- le jus de 1/2 citron
- 1 branche de menthe fraîche
- sel
- poivre

Ustensiles
- 1 casserole
- 1 poêle
- 1 bol
- 1 saladier
- 1 presse-citron

Réhydratez les raisins secs dans un bol d'eau chaude.

Préparez la semoule express selon les indications du fabricant (ou versez deux verres d'eau bouillante salée sur 250 g de couscous).

Faites griller les pignons dans une poêle à sec. Réservez.

Dans la même poêle, versez l'huile d'olive et faites revenir rapidement la gousse d'ail pelée et coupée en lamelles et les courgettes rincées et coupées en petits cubes : elles doivent rester fermes. Salez et poivrez.

Disposez l'ensemble des ingrédients dans un grand saladier, ajoutez les anchois, le jus de citron et la menthe ciselée.

Le grain de sel de Sylvia
C'est une version où les courgettes mi-cuites remplacent les tomates, l'oignon nouveau, le poivron et le concombre du classique taboulé. Pour changer, on peut remplacer les anchois par des bigorneaux cuits (200 g en coquilles) ou des bulots, ça va bien aussi.

Préparation
10
minutes
Cuisson
10
minutes

SALADE DE HARICOTS VERTS : NIÇOISE À MA FAÇON

Ingrédients
Pour 4 personnes
- 500 g de haricots verts
- 250 g de tomates maraîchères (à défaut : des tomates cerise)
- 2 œufs (ou 4 si on a très faim)
- 2 boîtes de ventrèche de thon à l'huile
- 4 filets d'anchois
- olives noires
- 1 branche de basilic
- vinaigrette
- sel
- poivre

Ustensiles
- 1 saladier
- 2 casseroles

Faites cuire les œufs pendant 10 minutes.

Faites cuire les haricots verts éboutés pendant 15 minutes à l'eau bouillante salée. Rafraîchissez-les sous l'eau froide dès qu'ils sont al dente pour stopper la cuisson et préserver leur belle couleur.

Disposez l'ensemble des ingrédients dans le saladier. Arrosez de vinaigrette. Poivrez, mélangez et servez.

Le grain de sel de Sylvia
La vraie niçoise a été créée vers 1800 avec pour base des tomates, des œufs durs et des anchois. On peut encore varier les plaisirs en ajoutant des artichauts poivrades, des oignons nouveaux avec leur tige, des radis en lamelles, en remplaçant le thon par de la feta et les tomates fraîches par des tomates confites… Les haricots verts, en été, se prêtent à mille variations et sont chez nous à l'origine des fameuses « saladatout », les bien nommées ! On accompagne d'une tartine d'anchoïade ou de tapenade, et tout le monde se régale !

Préparation 10 minutes

Cuisson 15 minutes

SALADE DE LENTILLES AIGRELETTES AUX ŒUFS POCHÉS

Ingrédients
Pour 4 personnes
- 2 échalotes
- 1 carotte
- 200 g de lentilles vertes
- 1 cube de bouillon de votre choix
- 2 cuil. à café de concentré de tomates
- 2 cuil. à café de moutarde
- 2 cornichons hachés
- 2 cuil. à soupe de câpres hachées
- 25 g de beurre
- pousses de cresson ou graines d'alfalfa (facultatif)
- 4 œufs
- 4 cuil. à soupe de vinaigre blanc
- sel
- poivre

Ustensiles
- 2 casseroles
- 1 écumoire

Dans une casserole, faites suer les échalotes hachées au beurre. Ajoutez la carotte pelée et coupée en petits dés puis les lentilles vertes.

Versez dans la casserole 50 cl d'eau chaude, ajoutez le cube de bouillon et portez à ébullition doucement. Quand les lentilles sont cuites, ajoutez le concentré de tomates, la moutarde et les cornichons hachés ainsi que les câpres hachées. Rectifiez l'assaisonnement et ajoutez les jeunes pousses de cresson à la fin.

Faites bouillir 2 l d'eau environ dans une grande casserole, ajoutez le vinaigre et pochez les œufs pendant 4 minutes en les retirant délicatement à l'aide d'une écumoire. Servez les lentilles sur les assiettes et déposez un œuf poché par-dessus.

Le grain de sel de Sylvia
On peut pousser jusqu'à moitié lentilles, moitié carottes, et c'est toujours aussi bon ! Si on veut, on ajoute des dés de feta... ou bien on accompagne d'un vrai beau plateau de fromages...

Préparation
5
minutes
Cuisson
20
minutes

SALADE DE PÂTES, AUBERGINES ET GORGONZOLA

Ingrédients
Pour 4 personnes
- 2 aubergines
- 250 g de gorgonzola
- 300 g de pâtes
- 4 gousses d'ail
- 4 cuil. à soupe d'huile d'olive
- 4 cuil. à soupe de vinaigre de vin blanc
- 4 cuil. à soupe de lait
- 4 brins de persil plat
- copeaux de parmesan
- gros sel
- sel fin
- poivre

Ustensiles
- 1 grande casserole
- 1 égouttoir
- 1 poêle
- 1 saladier

Portez à ébullition une grande quantité d'eau dans votre plus grande casserole.

Pelez les aubergines et coupez-les en petits dés. Faites-les revenir à l'huile d'olive avec l'ail coupé en lamelles pendant 15 minutes. Salez et poivrez bien.

Salez l'eau des pâtes puis faites cuire les pâtes al dente selon les indications du fabricant. Égouttez et versez dans le saladier de service.

Mélangez le vinaigre et le lait et versez sur les pâtes.

Ajoutez le gorgonzola coupé en dés, les aubergines, le persil ciselé, mélangez puis parsemez le tout de jolis copeaux de parmesan.

Le grain de sel de Sylvia
On peut remplacer le gorgonzola par du saumon frais (c'est la variante de la recette des pâtes au saumon frais et épinards page 28).

Préparation
10
minutes
Cuisson
15
minutes

SALADE VITAMINÉE D'HIVER

Ingrédients
Pour 4 personnes

- 1 fenouil
- 1 pamplemousse
- 1 avocat
- 3 cœurs de sucrine
- 1 grosse poignée de mâche
- 1/2 botte de radis
- le jus de 1 citron
- 4 cuil. à soupe d'huile d'olive
- quelques cerneaux de noix
- sel
- poivre

Ustensiles

- 1 saladier
- 1 presse-citron

Détaillez le fenouil en lamelles et mettez-le dans le saladier. Salez, poivrez.

Ajoutez le pamplemousse pelé et détaillé en tranches (si vous avez le temps, pelez les tranches à vif), les radis coupés en rondelles, les cœurs de sucrine coupés en quatre, la mâche et l'avocat pelé en lamelles.

Versez le jus de citron dans la salade, en priorité sur l'avocat pour lui éviter de noircir. Ajoutez les noix et l'huile d'olive. Mélangez et servez sans attendre.

Le grain de sel de Sylvia
Ajoutez éventuellement dans la salade 1 escalope de poulet cuite et émincée ou 300 g de crevettes décortiquées ou 1 paquet de feta ou 4 œufs mollets (6 minutes de cuisson à l'eau bouillante : mais que feriez-vous sans moi ?).

Préparation
10
minutes
Cuisson
0
minute !

SUCRINES RÔTIES À L'AIL, AUX TOMATES CONFITES ET AIGUILLETTES DE VOLAILLE

Ingrédients
Pour 4 personnes
- 2 escalopes de dinde
- 3 cœurs de sucrine
- 4 gousses d'ail
- 4 cuil. à soupe d'huile d'olive
- 8 tomates confites à l'huile
- quelques brins de ciboulette
- sel
- poivre

Ustensiles
- 1 poêle
- 1 assiette

Coupez les escalopes en aiguillettes et les cœurs de sucrine en quatre. Pelez les gousses d'ail et coupez-les en fines lamelles.

Faites cuire les aiguillettes de dinde dans la moitié de l'huile chaude, salez, poivrez et réservez.

À leur place, saisissez les lamelles d'ail, les tomates confites et les sucrines dans le reste d'huile : dès qu'elles sont un peu flétries, c'est cuit.

Dressez dans les assiettes, surmontez des aiguillettes de volaille, parsemez de ciboulette, et à table !

Le grain de sel de Sylvia
Je remplace parfois la dinde par des aiguillettes de canard ou des sardines en boîte ou encore des petits anchois marinés.

Ma gigastuce
Les cœurs de sucrine, on n'a même pas besoin de les laver, ils sont prêts à l'emploi, mais qu'est-ce qu'on va faire de tout ce temps gagné ?

Préparation 10 minutes

Cuisson 10 minutes

PETITS DESSERTS MINUTE

Pour changer des bêtes fruits, compotes
et yaourts ou des crêpes (voir page 200) !

CLAFOUTIS POIRES ET CHOCOLAT

Ingrédients
Pour 4 personnes
- 3 poires
- 3 cuil. à soupe de farine (50 g)
- 4 cuil. à soupe de sucre (80 g)
- 1 sachet de sucre vanillé
- 4 œufs
- 25 cl de lait
- 1 sachet de 120 g de pépites de chocolat (ou de copeaux)
- beurre pour le moule

Ustensiles
- 1 moule à manqué
- 1 saladier

Préchauffez le four à 180 °C (th. 6).

Pelez les poires, coupez-les en quatre, ôtez le cœur puis coupez-les en lamelles au-dessus du moule à manqué beurré.

Mélangez la farine et les sucres. Ajoutez les œufs puis le lait sans faire de grumeaux. Versez le tout sur les poires et ajoutez les pépites de chocolat.

Faites cuire au four pendant 30 minutes.

Le grain de sel de Sylvia
On peut varier et réaliser ce clafoutis avec des groseilles, fraîches ou surgelées, qui vont aussi très bien avec le chocolat et, bien sûr, des cerises !

Préparation
10
minutes
Cuisson
30
minutes

Crumble aux fruits rouges

Ingrédients
Pour 4/6 personnes
- 225 g de fruits rouges (1/2 sachet de surgelés ou 2 barquettes, moins les 3-4 baies que vous grignoterez sur le trajet de retour des courses !)
- 1 pomme
- 4 cuil. à soupe de cassonade (75 g)
- 3 cuil. à soupe d'amandes en poudre (60 g)
- 4 cuil. à soupe de farine (60 g)
- 2 cuil. à soupe de corn-flakes (20 g)
- 2 cuil. à soupe de pignons de pin (20 g)
- 125 g de beurre
- fleur de sel

Ustensiles
- 1 robot mixer ou 1 saladier
- 4/6 verrines

Pelez la pomme et coupez-la en lamelles. Disposez les lamelles au fond des verrines.

Ajoutez les fruits rouges par-dessus et saupoudrez de 1 cuillerée à café de cassonade par verrine.

Préchauffez le four à 180 °C (th. 6).

Mélangez à la main ou au robot la cassonade restante, la poudre d'amandes, la farine, les corn-flakes et le beurre froid coupé en morceaux.

Ajoutez les pignons et saupoudrez la pâte à crumble sur les fruits.

Parsemez chaque verrine d'une pincée de fleur de sel.

Faites cuire au four pendant 30 minutes environ.

Le grain de sel de Sylvia
Toutes sortes de fruits se prêtent au crumble : poires, ananas, duo de melon et abricots…

Ma gigastuce
Les corn-flakes apportent une note croustillante, et la fleur de sel… le petit plus qui fait dire « whaou » !

Préparation 10 minutes

Cuisson 30 minutes

MINI-MUFFINS SANTÉ, À GLISSER DANS LE SAC D'ÉCOLE

Ingrédients
Pour 30 mini-pièces
- 2 pommes
- 6 cuil. à soupe de flocons d'avoine (50 g)
- 6 cuil. à soupe de farine complète (100 g)
- 1 sachet de levure chimique
- 5 cuil. à soupe de sucre roux (100 g)
- 1 cuil. à café de vanille liquide
- 2 œufs
- 10 cl d'huile de colza
- cassonade
- fleur de sel

Ustensiles
- 1 robot râpeur
- 1 saladier
- 1 plaque à mini-muffins en silicone ou à mini-cannelés

Préchauffez le four à 180 °C (th. 6).

Pelez les pommes et râpez-les.

Dans un saladier, mélangez les flocons d'avoine, la farine complète, la levure, le sucre roux, la vanille liquide, les œufs et l'huile de colza. Ajoutez les pommes râpées.

Versez dans des mini-moules, saupoudrez de cassonade et de quelques grains de fleur de sel.

Faites cuire au four pendant 15 minutes. Faites plusieurs fournées ou réservez la pâte au frigo pour cuire les autres fournées le lendemain.

Le grain de sel de Sylvia
Des petits gâteaux délicieux, légers, sains et équilibrés ! Attention : ils partent comme des petits pains !

Ma gigastuce
La pomme râpée permet d'alléger la pâte en farine et en matière grasse et donne néanmoins du moelleux... mais c'est léger !

Préparation
10
minutes

Cuisson
15
minutes

MOUSSES AU TOBLERONE®

Ingrédients
Pour 4 personnes
- 300 g de Toblerone® noir (ou classique, au chocolat au lait)
- 2 œufs
- 2 cuil. à soupe de sucre
- 40 cl de crème liquide bien froide

Ustensiles
- 1 robot mixer
- 1 fouet
- 2 saladiers
- 1 casserole
- 4 ramequins

Placez 300 g de Toblerone® noir (ou classique) dans un saladier et ajoutez de l'eau bouillante à hauteur. Quand le Toblerone® est tendre (on peut y enfoncer un cure-dents), jetez l'eau.

Mélangez les œufs et le sucre au fouet jusqu'à ce que le mélange blanchisse. Ajoutez au Toblerone® fondu.

Battez la crème liquide au robot et ajoutez-la au mélange chocolat.

Versez dans les ramequins et mettez au frais pendant 2 heures.

Le grain de sel de Sylvia
Le petit craquant du nougat qui ressort de ces mousses, un délice ! Servez avec des framboises et saupoudrez le tout de sucre glace...

Préparation 15 minutes

Cuisson 2 minutes

Réfrigération 2 heures

PANNA COTTA À LA VANILLE ET COMPOTÉE DE FRUITS ROUGES EN CHAUD-FROID

Ingrédients
Pour 4 personnes
- 12,5 cl de lait
- 12,5 cl de crème liquide
- 35 g de sucre roux (3 cuil. à soupe)
- 1/2 gousse de vanille
- 2 feuilles de gélatine (ou 1/4 de cuil. à café d'agar-agar)

Compotée aux fruits rouges
- 225 g de fruits rouges mélangés (2 barquettes ou 1/2 sachet de fruits congelés)
- 2 cuil. à soupe de sucre roux
- sucre glace

Ustensiles
- 1 casserole
- 1 bol
- 4 verrines

Portez à ébullition le lait, la crème, le sucre et la gousse de vanille fendue en deux.

Faites tremper les feuilles de gélatine dans un bol d'eau froide, égouttez-les et ajoutez-les à la crème cuite en mélangeant bien jusqu'à dissolution complète.

Ôtez la gousse de vanille, versez la crème dans les verrines et entreposez au frais au moins 2 heures.

Au moment du dessert, versez les fruits rouges dans la casserole, ajoutez le sucre et 2 cuillerées à soupe d'eau s'il s'agit de fruits frais (pas besoin s'il s'agit de fruits congelés). Faites chauffer 2 minutes.

Répartissez les fruits rouges dans les verrines. Poudrez d'un nuage de sucre glace.

Le grain de sel de Sylvia
La panna cotta – crème cuite en italien – est normalement faite exclusivement de crème entière. J'ai allégé la recette et je trouve que c'est très bon comme ça. À la place de la vanille, un sirop d'orgeat par exemple (2 cuillerées à soupe) va très bien aussi.

Préparation
10
minutes
Cuisson
10
minutes
Réfrigération
2
heures

PAPILLOTES DE FRUITS GOURMANDES

Ingrédients
Pour 4 personnes
- 5 portions de fruits frais (2 pommes, 2 poires, 3 prunes par exemple)
- 1 portion de fruits secs (3 abricots secs ou 2 figues)
- 4 cuil. à soupe de confiture de lait (ou 4 cuil. à soupe de miel ou 4 cuil. à soupe de sucre et 4 pincées de cannelle ou 4 cuil. à soupe de sucre et 4 cuil. à café de rhum…)
- 25 g de beurre

Ustensiles
- papier sulfurisé ou papier d'aluminium
- la plaque du four

Préchauffez le four à 210 °C (th. 7).

Coupez quatre grands carrés de papier sulfurisé et beurrez-les grossièrement.

Pelez et coupez les fruits frais en cubes. Répartissez-les au centre des papillotes.

Coupez les fruits secs en tout petits morceaux et ajoutez-les aux fruits frais.

Ajoutez la confiture de lait (ou autre).

Fermez les papillotes et faites cuire sur la plaque du four pendant 10 minutes.

Le grain de sel de Sylvia
Accompagnez d'une boule de glace à la vanille à part. Vous allez enfin leur faire manger des fruits : on dit merci qui ? !

Préparation
10
minutes

Cuisson
10
minutes

THE DELICIOUS « MOELLEUX AU CHOCOLAT EXPRESS »

Ingrédients
Pour 4 personnes
- 150 g de sucre
- 3 œufs
- 200 g de chocolat noir à 70 %
- 175 g de beurre doux
- 50 g de farine (3 cuil. à soupe bombées)

Ustensiles
- 1 robot
- 1 plat à tarte
- 1 bol
- papier sulfurisé
- 1 micro-ondes

Préchauffez le four à 180 °C (th. 6).

Fouettez le sucre et les œufs au robot.

Faites fondre le chocolat et le beurre au micro-ondes pendant 1 minute 30 (ou au bain-marie).

Ajoutez la farine et versez le tout dans le mélange œufs-sucre.

Versez dans un plat à tarte couvert de papier sulfurisé.

Faites cuire au four pendant 15 minutes (10 minutes de plus si vous voulez un cœur moins « coulant »).

Le grain de sel de Sylvia
Justement : mettre du sel (de la fleur de sel) dans la pâte : 4 pincées. Miam !

Ma gigastuce
On peut ajouter des noix et des noix de pécan : dans ce cas, ça fait un brownie !

Préparation
10
minutes
Cuisson
15
minutes

TIRAMISU AUX FRAISES

Ingrédients
Pour 4/6 personnes
- 250 g de fraises
- 2 œufs
- 50 g de sucre (3 cuil. à soupe rases)
- 125 g de mascarpone (1/2 pot)
- 125 g de cantuccini italiens (ou autres gâteaux secs : spéculoos, amaretti…)
- 10 cl de jus d'orange
- cacao
- 1 pincée de sel

Ustensiles
- 1 robot ou 1 mixer
- 1 fouet
- 1 saladier
- 4 verres bodega ou 6 verrines
- 1 passette

Séparez les blancs des jaunes. Fouettez les jaunes avec le sucre jusqu'à ce que le mélange blanchisse puis ajoutez le mascarpone.

Montez les blancs en neige ferme au robot avec la pincée de sel et mêlez délicatement les deux préparations.

Répartissez les gâteaux secs au fond des verres et versez le jus d'orange par-dessus.

Coupez les fraises en deux et gardez les quatre ou six plus jolies pour la déco.

Répartissez les fraises dans les verres en alternant avec une couche de crème au mascarpone.

Réservez au frais pendant 1 heure.

Saupoudrez de cacao avec la passette au moment de servir et décorez avec les fraises réservées.

Le grain de sel de Sylvia
Un tiramisu pour enfants : sans café ni alcool… mais les grands peuvent en avoir aussi !

Préparation
10
minutes

Cuisson
0
minute !

Réfrigération
1
heure

VERRINES AUX CARAMBAR®

Ingrédients
Pour 4 personnes
- 16 Carambar®
- 25 cl de lait
- 4 cuil. à café de Maïzena®
- 4 carrés de chocolat noir à 70 %

Ustensiles
- 1 casserole
- 1 verre
- 1 fouet
- 4 verrines

Faites fondre les Carambar® avec le lait dans une casserole à feu doux.

Délayez la Maïzena® dans un verre avec un peu d'eau froide. Versez sur la préparation, fouettez, et quand le mélange est bien lisse et commence à épaissir, versez-le dans les verrines. Faites prendre au congélateur 15 minutes si vous êtes pressés ou 1 heure au réfrigérateur.

Quand les flans sont pris, faites fondre les carrés de chocolat dans la casserole avec un peu d'eau, versez le chocolat fondu sur chaque verrine et laissez refroidir à nouveau au frais 5 à 15 minutes… ou bien servez de suite si vous n'en pouvez plus d'attendre !

Le grain de sel de Sylvia
Un dessert on ne peut plus simple ! Accompagnez de tranches de pomme, poire ou clémentine… Ne jetez pas les papiers d'emballage des Carambar® pour vous régaler également des bonnes blagues !

Préparation 10 minutes

Cuisson 15 minutes

Réfrigération 1 heure

CARNET PRATIQUE

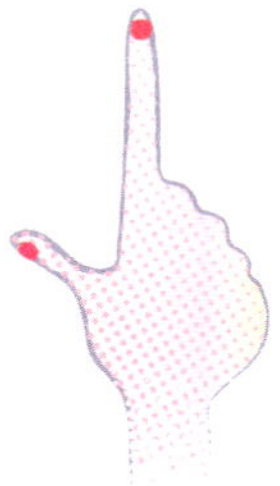

MON PENSE-PAS-BÊTE POUR VARIER LES PLAISIRS

HERBETTES FRAÎCHETTES TOUJOURS EN RÉSERVE

On les trie et on les stocke dans un pot façon pot de fleurs (avec de l'eau, donc), au frigo. Je n'ai pas toujours précisé dans mes recettes que les herbettes bonifient grandement mes petits plats, pour leur apport en goût, fraîcheur, vitamines et couleur. Alors pensez toujours à en avoir en stock, et usez-en, abusez-en, même quand je n'en parle pas ! Et pourquoi ne pas les cultiver sur un rebord de fenêtre (de cuisine) ?

Les indispensables :

- ciboulette ou ciboule ou pousses d'oignon nouveau ;
- coriandre ou basilic ou persil plat ou cerfeuil : ils sont facilement interchangeables ;
- menthe fraîche : à utiliser avec parcimonie.

Dans le même ordre d'idée, apprenez à utiliser :

- les graines germées (alfalfa, coriandre…) : comme les herbettes, elles apportent une touche de déco… et de goût !
- les graines à torréfier : pignons, graines de coriandre…

GINGEMBRE FRAIS TOUJOURS EN RÉSERVE

Gardez toujours un morceau dispo au frigo, emballé dans du film transparent pour l'empêcher de se dessécher. Un peu de gingembre frais râpé a le don de réveiller une vinaigrette, un légume vapeur… et de faire twister un ordinaire ! On l'utilise comme de l'ail : coupé fin, écrasé ou râpé, et avec parcimonie.

CITRONNELLE TOUJOURS EN RÉSERVE

Gardez toujours quelques bâtons au congélo, emballés dans du film et prêts à être décongelés pour faire vibrionner une sauce un peu quelconque. On l'utilise comme du citron.

LES VIANDES BLANCHES SONT INTERCHANGEABLES

Poulet contre filet de porc ou de veau, et ça marche tout aussi bien.

LE DÉCOUPAGE EST UN ART… DE LA VARIATION

Coupez en cubes ou en lamelles, et le goût est différent : l'ail, la betterave rouge en sont les témoins les plus flagrants. Les blancs de volaille également, les courgettes, les tomates… Alors, pour varier les plaisirs, variez les découpes !

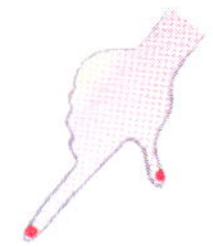

NON, LES LÉGUMES NE PRENNENT PAS TANT DE TEMPS QUE ÇA À PRÉPARER !

Par exemple :

- 4 courgettes : pas besoin de peler, 2 minutes pour laver, 3 minutes pour couper en rondelles ;
- 1 brocoli ou 1 chou-fleur : pas besoin de peler, détachez les fleurettes en 2 minutes, jetez le trognon, et c'est tout ;
- 4 tomates : 2 minutes pour laver, 3 minutes pour trancher avec un tranche-tomates (instrument indispensable, surtout l'été – quoi, vous n'en avez pas ?) ;
- 8 champignons de Paris : 5 minutes pour laver sommairement et couper la base du pied, 5 minutes pour trancher avec le tranche-tomates (quoi, vous n'en avez toujours pas ? !) ;
- 1 botte d'asperges vertes : 2 minutes pour couper la base du pied, le reste ne se pèle pas.

LA SAUCE SOJA REMPLACE LE SEL

Au Japon, jamais de sel sur la table. Alors, chez nous, de temps en temps, pourquoi ne pas saler à la sauce soja ? Ça change le goût, ça apporte une touche d'exotisme… quitte à faire sa geisha… !

LES ÉPICES : APPRENDRE À DOSER LES VÔTRES

Les épices sont toutes différentes et changent la saveur d'un plat pourvu qu'on les dose avec modération. Curry, quatre-épices, curcuma, ras el-hanout, safran… tout est bon, et ces cinq-là sont à mon sens parfaitement indispensables et interchangeables. Alors interchangez donc ! Apprenez à connaître vos épices, à bien les doser, et faites vos essais, peu à peu !

LES CÉRÉALES : ON A L'EMBARRAS DU CHOIX !

Entre le couscous, le blé, le millet, la polenta, le quinoa (qui n'est pas une céréale, mais s'utilise comme telle), les pâtes au soja, au riz, udon, chinoises ou japonaises, et toutes les formes de pâtes italiennes, on a réellement l'embarras du choix pour accompagner un plat de légumes qui demanderait plus de consistance. Et c'est tant mieux, on peut varier les plaisirs !

LA MISE EN PLACE À L'AVANCE, C'EST DU TEMPS GAGNÉ !

Je le dis dans l'introduction du livre : se mettre en place est un gain de temps et permet de réserver à la cuisine proprement dite le plaisir pur. Dressez la table à l'avance, sortez les ingrédients dont vous aurez besoin, voire pesez-les… Imaginez que la caméra va entrer juste au moment de la réalisation de la recette : on le voit bien dans toutes les émissions culinaires à la télévision, la mise en place est faite par des « petites mains ». Vous n'en avez pas ? Qu'à cela ne tienne, jouez vous-même ce rôle 1 heure avant le dîner, ou le matin pour le soir, et vous verrez… à la fin, c'est très agréable !

Alors à vos maniques, amusez-vous… et régalez votre petit monde !

SAISONNALITÉ DES PRODUITS

Les tableaux suivants ne sont pas exhaustifs mais proposent les produits courants que je préfère et qui figurent dans les recettes de ce livre : en fait ceux qui ont une réelle saisonnalité ou dont la saisonnalité fait varier sensiblement le goût… et le prix.

LÉGUMES DE SAISON*

PRINTEMPS	ÉTÉ	AUTOMNE	HIVER
Artichaut	Artichaut, artichaut poivrade	Cèpe	Choux (de Bruxelles, frisé, rouge, blanc, chinois)
Asperge	Aubergine	Coing	Courges (potiron, potimarron, etc.)
Avocat	Concombre	Épinard	Endive
Brocoli	Courgette (fleur et mini-courgette)	Girolle	Épinard
Chou-fleur	Fenouil	Mâche	Mâche
Morille	Girolle	Noix	Panais
Petit pois	Haricot vert	Tomate	Poireau
Pomme de terre nouvelle	Poivron		Topinambour
Pousse d'épinard	Pousse d'épinard		Truffe
Radis (blanc, noir, rose)	Roquette		
	Tomate maraîchère		

FRUITS DE SAISON*

PRINTEMPS	ÉTÉ	AUTOMNE	HIVER
Cerise	Abricot	Figue	Ananas
Fraise	Brugnon, nectarine, pêche	Framboise	Banane
Framboise	Cassis	Mûre	Clémentine, mandarine
Mangue	Cerise	Poire	Grenade
Rhubarbe	Groseille	Pomme	Orange
	Melon, pastèque	Prune	
	Myrtille	Raisin	

** Il faut toujours bien passer sous l'eau tous les fruits et légumes !

HERBETTES

PRINTEMPS-ÉTÉ	AUTOMNE-HIVER
Aneth	Romarin
Basilic	Sauge
Cerfeuil	Thym
Ciboulette	
Coriandre	
Estragon	
Menthe	
Persil	
Thym	

POISSONS ET FRUITS DE MER DE SAISON

PRINTEMPS	ÉTÉ	AUTOMNE	HIVER
Bar	Anchois	Bar	Bar
Cabillaud	Cabillaud	Cabillaud	Cabillaud
Coque	Coque	Coquille Saint-Jacques *(d'octobre à avril)*	Coquille Saint-Jacques *(d'octobre à avril)*
Dorade	Empereur	Grenadier	Grenadier
Grenadier	Grenadier	Haddock	Haddock
Haddock	Haddock	Julienne	Julienne
Julienne	Homard, langouste	Lotte	Lotte
Lotte	Julienne	Merlu (colin)	Merlu (colin)
Merlu (colin)	Maquereau, lisette	Moule *(juin à décembre)*	Moule *(juin à décembre)*
Palourde	Merlu (colin)	Palourde	Palourde
Rouget	Moule *(juin à décembre)*	Saumon d'élevage écossais label rouge *(mon préféré)*	Saumon d'élevage écossais label rouge *(mon préféré)*
Saumon d'élevage écossais label rouge *(mon préféré)*	Palourde	Sole	Sole
Sole	Petite langoustine	Turbot, saint-pierre, barbue	Turbot, saint-pierre, barbue
Turbot, saint-pierre, barbue	Rouget		
	Sardine		
	Saumon d'élevage écossais label rouge *(mon préféré)*		
	Sole		
	Thon		

LES MATIÈRES GRASSES : COMMENT LES CHOISIR ET PAR QUOI LES REMPLACER

HUILE D'ARACHIDE

Pour cuisson et vinaigrette.
On peut la remplacer par l'huile d'olive ou de tournesol.

HUILE D'ARGAN

Pour assaisonnement.
Il faut en mettre très peu et ne pas la confondre avec le produit de beauté.
On peut la remplacer par l'huile d'olive ou de sésame.

HUILE DE COLZA

Pour assaisonnement et préparations froides.
On peut la remplacer par l'huile d'olive, d'arachide ou de tournesol.

HUILE DE NOIX ET NOISETTE

Pour assaisonnement, préparations froides et légumes vapeur.
On peut la remplacer par l'huile d'olive.

HUILE D'OLIVE

Idéalement, en avoir deux, une de très bonne qualité pour l'utilisation à froid (assaisonnement et préparations froides) et une de « supermarché » pour la cuisson.
On peut la remplacer par l'huile d'arachide.

HUILE DE PÉPINS DE RAISIN

C'est l'huile exclusive pour la mayonnaise (elle ne fige pas au frigo). On peut l'utiliser pour la cuisson également.
On peut la remplacer par l'huile d'arachide ou de tournesol.

HUILE DE SÉSAME

Pour assaisonnement et préparations froides.
Il faut en mettre très peu.

HUILE DE TOURNESOL

L'huile neutre par excellence, elle sert à tout, elle sait tout faire.

BEURRE

Ne vous y trompez pas, il fait 80 % de matière grasse comme l'huile. Si on l'utilise pour la cuisson, il faut d'abord mettre 1 cuillerée d'huile et ensuite faire fondre un petit morceau de beurre dans cette huile chaude puis ajouter tout de suite l'aliment à cuire pour ne pas laisser le beurre noircir.

CRÈME FRAÎCHE

Légère ou pas selon votre ligne... de conduite, de toute façon elle sera toujours plus light que tout le reste (15, 30 ou 40 % de matière grasse).

RECETTES DE BASE

VINAIGRETTE

- 1 cuillerée à cafe de sel
- poivre
- 1 cuillerée à soupe de vinaigre (balsamique ou de xérès)
- 3 cuillerées à soupe d'huile (d'olive de préférence)

Utilisez cette vinaigrette à raison de 4 cuillerées à soupe pour l'assaisonnement d'un plat pour 4 personnes.

Je prépare la vinaigrette à l'avance en grande quantité et je la conserve dans une bouteille. Au moment de l'utiliser, il suffit d'agiter la bouteille pour émulsionner, et c'est prêt !

MAYONNAISE

- 1 cuillerée à soupe de moutarde forte
- 1 jaune d'œuf
- 1 cuillerée à café de sel
- 20 cl d'huile de pépins de raisin versée goutte à goutte sans cesser de fouetter
- poivre à la fin

J'utilise de l'huile de pépins de raisin, car c'est la seule huile qui ne fige pas au frais. On peut donc conserver la mayonnaise et la réutiliser par la suite.

Les « astuces de grand-mère » pour réussir sa mayonnaise (comme veiller à ce que les ingrédients soient tous à la même température) ne marchent pas ! La seule solution est d'introduire de l'air entre les bulles d'huile, c'est-à-dire de bien fouetter.

Pour la rattraper si elle « file », versez tout doucement sur un côté du bol 1 cuillerée à soupe d'eau chaude ou de vinaigre et recommencez à fouetter, ça peut marcher…

MAYONNAISE LIGHT

- 1 cuillerée à soupe de moutarde forte
- 1 œuf
- 1 cuillerée à café de sel
- 10 cl d'huile de pépins de raisin versée goutte à goutte sans cesser de fouetter
- poivre à la fin

La quantité d'huile est diminuée de moitié et on ajoute un blanc d'œuf monté en neige à la mayonnaise.

SAUCE AU YAOURT LIGHT

- 1 yaourt light
- 2 cuillerées à café de moutarde forte
- herbettes ou épices (cumin, curry, etc.)
- jus et zeste de citron si on veut.

PESEZ SANS BALANCE !

BEURRE

1 cuillerée à soupe
= 15 g
= 1 noix

1 cuillerée à soupe bombée
= 25 g

SUCRE

1 cuillerée à soupe
= 20 g

3 cuillerées à soupe
= 60 g

5 cuillerées à soupe
= 100 g

FARINE

1 cuillerée à soupe bombée
= 15 g

3 cuillerées à soupe
= 50 g

6 cuillerées à soupe
= 100 g

SEL FIN

1 cuillerée à café
= 5 g

LIQUIDES

3 cuillerées à soupe profondes
= 5 cl

1 pot de yaourt
= 12,5 cl

1 verre ballon à 1cm du bord
= 12,5 cl

1 petite bouteille de bière
= 25 cl

1 cannette
= 33 cl

GINGEMBRE FRAIS

5 cuillerées à café de gingembre râpé
= 50 g
= 3 noix

PIGNONS, RAISINS SECS

3 cuillerées à soupe
= 50 g

PÂTES, RIZ ET AUTRES CÉRÉALES EN ACCOMPAGNEMENT

60 g par personne
= 4 cuillerées à soupe

RISOTTO

100 g par personne
et 25 cl de bouillon

200 g
= 1 verre de 25 cl

THERMOSTATS ET TEMPÉRATURES

Thermostat 1	50 °C
Thermostat 2	80 °C
Thermostat 3	100 °C
Thermostat 4	120 °C
Thermostat 5	150 °C
Thermostat 6	180 °C
Thermostat 7	210 °C
Thermostat 8	240 °C
Thermostat 9	270 °C
Thermostat 10	300 °C

PETITS CONSEILS DE CUISSON

À la maison, on a toujours tendance à faire « trop cuit ».

Les aliments à cuire absolument al dente :

- les pâtes évidemment ;
- les légumes – encore croquants, c'est meilleur !
- les pommes de terre : n'attendez pas qu'elles se défassent à la cuisson, les vitamines sont alors détruites ;
- les poissons, les noix de Saint-Jacques, etc. ;
- l'entrecôte, le foie de veau, la côte de veau, l'agneau, le magret de canard : rosé, c'est plus digeste et c'est meilleur !

En revanche, servez bien cuit :

- le porc, les saucisses, les merguez…

RECETTES DE BASE POUR ACCOMPAGNER UN PEU TOUT

CAVIAR D'AUBERGINE EXPRESS

- 4 aubergines
- 4 gousses d'ail
- huile d'olive
- sel
- poivre

Coupez les aubergines en deux, piquez la face supérieure de 4 gousses d'ail en bâtonnets, arrosez d'un filet d'huile d'olive, salez, poivrez et passez au four préchauffé à 180 °C (th. 6) pendant 20 minutes. Quand c'est cuit, attendez un peu pour ne pas vous brûler, ôtez la peau – qui s'en va presque toute seule –, écrasez la chair à la fourchette et servez tiède.

GALETTES DE SARRASIN

- 125 g de farine de sarrasin
- 25 cl d'eau froide
- 25 g de beurre fondu
- 1 pincée de sel

Mélangez et laissez reposer 20 minutes.

PÂTE À CRÊPES 4, 3, 2, 1…

- 4 verres de lait
- 3 œufs
- 2 verres de farine
- 1 pincée de sel

… ET LA PETITE SAUCE AU CHOCOLAT QUI VA BIEN AVEC !

Comme dit mon boucher, je vous la mets quand même : faites fondre 100 g de chocolat noir avec 30 g de sucre et 5 cl d'eau ou de crème liquide.

PURÉE MAISON

- 8 pommes de terre charlotte
- 100 g de beurre
- 20 cl de lait
- sel

Faites cuire les pommes de terre charlotte pelées entières dans une petite quantité d'eau pas trop salée. Écrasez-les à l'aide d'un écraseur de pommes de terre, ajoutez le beurre en parcelles, mélangez bien. Détendez cette purée avec le lait chaud, mélangez bien à nouveau.

SAUCE POUR RESTES DE VIANDE FROIDE

- jus de 3 citrons
- jus de 4 oranges
- 10 cl d'huile d'olive
- 2 gousses d'ail hachées
- 2 cuillerées à soupe d'oignon haché
- 1 cuillerée à soupe de vinaigre de xérès
- 1 cuillerée à café de sel
- 1 cuillerée à café de cumin moulu
- 1 cuillerée à café de gingembre moulu

À garder en bouteille (comme la vinaigrette), au frais, pour l'avoir toujours prête. Elle se conserve sans problème au frais au moins 2 semaines.

SAUCE TOMATE

- 1 oignon
- 1 gousse d'ail
- 600 g de tomates fraîches pelées (ou 1 grosse boîte de tomates pelées)
- 3 cuillerées à soupe de concentré de tomates
- huile d'olive
- 1/2 cuillerée à café de sel
- 1 cuillerée à café de sucre
- poivre
- 1 branche de thym

Faites revenir à l'huile d'olive l'oignon et la gousse d'ail. Ajoutez les tomates pelées, le concentré de tomates, le sel, le sucre, le poivre et le thym. Faites mijoter à couvert pendant 20 minutes puis 10 minutes sans couvercle.

IN VINO VERITAS

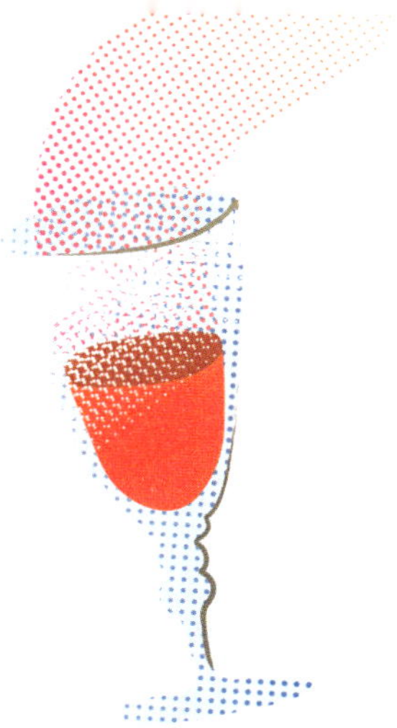

QUELQUES PETITS CONSEILS EN VRAC

Bien sûr, servez du vin à table et consommez avec modération.

Faites confiance à votre caviste. Racontez-lui votre vie : le plat que vous allez faire, vos goûts personnels, votre budget, et choisissez un ou deux vins différents pour l'ensemble du repas, pas plus.

Servez-le dans de jolis verres transparents, la couleur du vin fait partie du plaisir.

Si vous ne finissez pas une bouteille de vin, il faut la boucher, idéalement avec un bouchon spécial (bouchon à pompe ou autre), pour que le vin se conserve 3 ou 4 jours.

Profitez de vos repas au restaurant pour goûter de nouveaux vins. Demandez au sommelier de vous emmener en balade et détachez l'étiquette pour vous rappeler ce que vous avez aimé.

Et faites confiance à votre pif !

LES INDISPENSABLES

LES USTENSILES

- 1 grande poêle antiadhésive, voire 2
- 1 grande sauteuse (qui pourra avantageusement remplacer un wok, si pratique par ailleurs)
- 1 grande marmite à pâtes (avec égouttoir intégré, c'est encore mieux)
- des casseroles
- 1 four avec gril
- des ramequins ou mini-cocottes ou plats à crème brûlée
- 1 râpe à légumes (carottes…)
- 1 écraseur de pommes de terre (mieux que le moulin à légumes)
- 1 tranche-tomates (pour trancher tomates et champignons de Paris en un clin d'œil)
- 1 presse-ail (qui sert aussi pour le gingembre)
- 1 presse-citron
- 1 zesteur
- 1 écumoire
- 1 égouttoir
- 1 fouet
- 1 mixer plongeant ou 1 blender
- 1 robot ou 1 mixer pour monter les blancs en neige
- 1 planche en bois, ça évite de rayer la table !

DANS MON PLACARD IL Y A TOUJOURS…

- des tomates pelées en boîte
- des pâtes, des lentilles, du couscous
- du bouillon de volaille en cube
- des huiles (voir page 196 pour le détail) et des vinaigres
- du chorizo
- du sel, de la fleur de sel, du gros sel, du poivre et mes cinq épices fétiches : curry, quatre-épices, curcuma, ras el-hanout, safran
- de la sauce soja
- du miel, du sucre roux, de la cassonade
- 1 morceau de parmesan sous vide
- et du chocolat !

LA CONSERVATION DES PRODUITS FRAIS

Achetez-les très frais et privilégiez les produits de saison, ce qui implique d'acheter peu et souvent.

Savoir bien conserver les produits et les utiliser au bon moment est au moins aussi important que la façon de les cuisiner. Mal conservés, ils perdent non seulement leurs qualités gustatives mais aussi leurs qualités nutritionnelles.

LES FRUITS ET LÉGUMES se conservent dans le bac à légumes du réfrigérateur. Ils doivent être propres et sains. Nettoyez-les avant de les stocker. Au-delà de 4 à 5 jours, ils perdent en saveur, texture et qualités nutritives. Il vaut mieux les laisser dans le papier kraft du maraîcher ou les emballer dans un torchon plutôt que dans du plastique.

LES HERBES FRAÎCHES, que je conserve comme des fleurs, le bas de la tige dans un peu d'eau, sont stockées dans la partie la plus froide du réfrigérateur, ou dehors en hiver. Lavées, séchées à l'essoreuse à salade puis hachées ou ciselées, elles tiennent aussi très bien 1 semaine dans une boîte plastique au réfrigérateur. Seules les tiges d'oignons frais sont celles que je conserve découpées, puis congelées dans une boîte en plastique. Quant au basilic, j'en garde un pied dans un pot dans ma cuisine, été comme hiver.

LES POISSONS, CRUSTACÉS, ABATS, VIANDES HACHÉES sont les aliments les plus fragiles. Ils doivent être stockés dans la zone la plus froide du réfrigérateur et consommés dans les 24 heures après l'achat.

LES FROMAGES doivent être idéalement conservés entre 6 °C et 8 °C, dans un endroit aéré. Si ce n'est pas possible, stockez-les au réfrigérateur, à l'étage opposé au compartiment le plus froid, et pensez à les sortir et à les déballer à l'air libre au début de la préparation du repas.

LES ÉPICES, contrairement à ce qu'on pourrait croire, n'ont pas une durée de vie infinie ; je les ai classées par provocation dans la catégorie des produits frais, simplement pour rappeler qu'après 2 ou 3 ans vous pouvez renouveler votre stock ! Les épices se conservent dans un récipient hermétique, à l'abri de la lumière et de la chaleur ; donc, pas de petit bocal en verre à la vue de tous, mais caché au placard !

RÉFRIGÉRATEUR, MODE D'EMPLOI

Il faut attendre qu'un aliment soit refroidi avant de le stocker au frais.

Ne gardez jamais d'aliments dans des boîtes de conserve ouvertes et, à part le beurre, les œufs et le parmesan en morceau, ne conservez rien au-delà d'1 semaine.

Il faut en général sortir au début du repas ce que l'on va consommer en fin de repas, fromage ou dessert, car le froid tue le goût. Tout le monde le sait pour ce qui concerne le plateau de fromages, mais on en tient moins compte pour les crèmes dessert et les yaourts. C'est pourtant tout aussi vrai !

RECETTES PERSO

À VOUS DE JOUER !

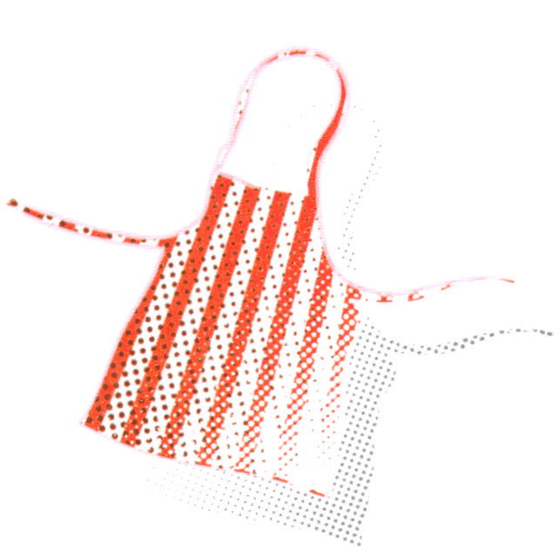

MA RECETTE DE

Préparation minutes

Cuisson minutes

Ingrédients

Pour _____ personnes

-
-

Ustensiles

-
-

Mon grain de sel

MA RECETTE DE

Préparation minutes

Cuisson minutes

Ingrédients

Pour _____ personnes

-
-

Ustensiles

-
-

Mon grain de sel

MA RECETTE DE

Préparation minutes

Cuisson minutes

Ingrédients

Pour _____ personnes

-
-

Ustensiles

-
-

Mon grain de sel

ANNEXES

TABLE DES RECETTES

PAR ICI LA BONNE SOUPE !, 8

PASTA 12 MINUTI !, 24

PLATS COMPLETS « 2 EN 1 », 36

À BASE DE POISSON, 38

À BASE DE VIANDE, 60

PLATS VÉGÉ OU PRESQUE, 88

RIZ ET AUTRES CÉRÉALES FAÇON RIZ, 112

ŒUFS ET COMPAGNIE (QUICHE, TORTILLA, ŒUFS COCOTTE...), 124

CLUB SANDWICH, CROQUE-MONSIEUR ET AUTRES TARTINES, PAIN PERDU, 140

SALADATOUT, 152

PETITS DESSERTS MINUTE, 170

INDEX DES RECETTES

INDEX PAR INGRÉDIENTS

• Recette principale
• *Le grain de sel de Sylvia*
• *Variante de recette*

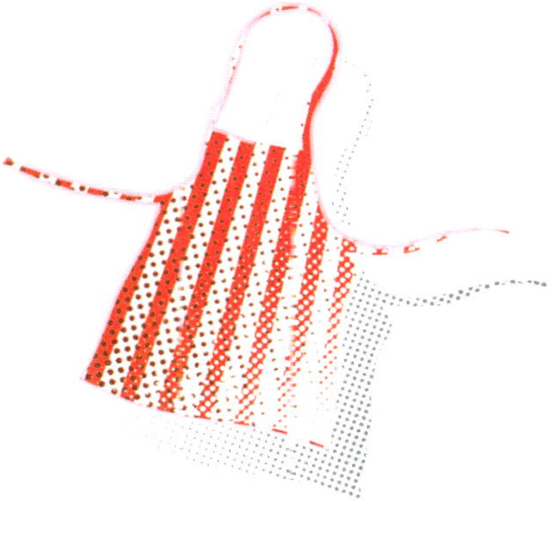

DU MÊME AUTEUR AUX ÉDITIONS DE LA MARTINIÈRE

***Venez dîner à la maison**,*
90 recettes-30 menus pour profiter de ses amis et rester à table avec eux, 2012

***Made in France**,*
Les 200 recettes et produits qui font la France gourmande, 2012

***Wok à tout faire**,*
« Nouveaux Basics », 2010

***Le plus simple du meilleur**,*
avec Georges Blanc, 2009

***Tout plancha**,*
« Tout en cuisine », 2008

***Tout blender**,*
« Tout en cuisine », 2008

SYLVIA GABET REMERCIE CHALEUREUSEMENT

l'équipe du département « Atelier Saveurs »
des Éditions de La Martinière,
et tout particulièrement :

Florence Lécuyer, pour son soutien indéfectible,

Aurélie Aminian, pour sa patience et son attention, y compris au renouvellement des générations futures, et Garance Giraud, pour sa précision et sa gentillesse,

Philippe Asset le photographe et **Alice** la styliste, duo de gourmets et gourmands qui ont été finalement les premiers à refaire mes recettes pour les photographier… et à les trouver délicieuses !

Corinne, Merche, Petra, Véro, Brigitte, Helen, Antonietta et les autres, mes merveilleuses élèves de cours de cuisine, qui me donnent envie de me mettre en 4 – 8 et même en 12 pour créer des recettes… rapides quand on a passé trop de temps à papoter !

Émilie, de la poissonnerie Lucine au Cap-Ferret, et **Cocotte**, la reine du melon sucré au Cap-Ferret, pour leurs conseils avisés et gourmands.

Achevé d'imprimer en NOVEMBRE 2016
sur les presses de Macrolibros
Dépôt légal : SEPTEMBRE 2011
Imprimé en Espagne